CALPVRNII FLACCI

DECLAMATIONVM

EXCERPTA

EDIDIT

LENNART HÅKANSON

STVTGARDIAE IN AEDIBVS B. G. TEVBNERI MCMLXXVIII

PA
6271
.C18
A6
1978

CIP-Kurztitelaufnahme der Deutschen Bibliothek

Calpurnius ⟨Flaccus⟩
[Sammlung]
Calpvrnii [Calpurnii] Flacci declamationvm
[declamationum] excerpta / ed. Lennart Håkanson.
– 1. Aufl. – Stutgardiae [Stuttgart] : Teubner,
1978.
  ([Bibliotheca scriptorum Graecorum et
  Romanorum Teubneriana] Bibliotheca scriptorvm
  Graecorvm et Romanorvm Tevbneriana)
  Einheitssacht. : Declamationes
  ISBN 3-519-01130-1

© B.G. Teubner, Stuttgart 1978
Printed in Germany
Satz: Schmitt u. Köhler, Würzburg
Druck: Julius Beltz, Hemsbach/Bergstr.
Binderei: F. Wochner KG, Horb/N.

PRAEFATIO

Excerpta declamationum **Calpurnii Flacci**[1] quattuor nobis libris manuscriptis integris servata sunt. Huc accedit unum folium mutilatum **codicis Montepessulani H 126** (A), saec. X, libri membranacei 116 foliorum. Qui liber et aetate et fide ceteris antecellens[2] ad textum constituendum plurimum sine dubio valeret, si integrum possideremus; at extant tantum fragmenta declamationum 1–6 (pp. 1–6,13 *tyrannide*). Continet autem liber foll. 1–88 declamationes Quintiliano ascriptas quae dicuntur minores, foll. 89–115 excerpta ex scriptis Senecae maioris facta; deinde ultimo folio „*Incipit ex Calpurnio Flacco excerptae* (sc. declamationes), *excerpta X rhetorum minorum*". Non modo complura (6–8?) folia interierunt, verum etiam hoc unum relictum folium duobus modis mutilatum est, nam et deest inferior folii dextra pars, et scriptura partis reliquae hic illic medicamentis infeliciter superfusis ita turbata atque corrupta est, hodie ut legi omnino non possit[3]. Lehnertius ea, quae Dessauerus in A legere non potuerat[4], in textu suo litteris uncis significavit; equidem pp. XIV sq. eos locos enumerabo,

---

[1] Cum neque de ipso Calpurnio, quis fuerit quove tempore vixerit, neque de excerptis, quando et a quo facta sint, quicquam novi certive adicere possim ad pauca, quae iam a viris doctis prolata sunt, ne acta agam, ad ea opera lectores delego, quae infra enumerabo.

[2] Praestantia huius codicis in minoribus, quae appellantur, declamationibus facile conspicitur; vide Ritteri praefationem (pp. VI sqq.).

[3] De hac re fusius egit Lehnertius p. VI.

[4] Hugonis Dessaueri collatione se usum esse testatur Lehnertius p. VIII.

quos legere nequivi. Id quoque confiteor perpaucis locis codicis
scripturam, quam Dessauerum legisse Lehnertius in apparatu
suo testatur, me non potuisse perspicere [5]; quibus locis lectiones
codicis A Lehnertii nomine addito in apparatu critico laudavi.
De lectionibus viri docti P. Pithoei ‚vetustissimo codici‘ (i. A)
attributis infra p. XIII breviter disputabo.

Scriptura librarii indocti quidem sed admodum diligentis
et officiosi interdum altera manu (A[2]) correcta est.

Quattuor libri integri, de quibus supra mentionem feci, hi
sunt:

B **Codex Monacensis Latinus 309** (B), liber chartaceus saec.
XV exeuntis, de quo Lehnertius, qui anno 1900 librum Monaci
ipse excussit, i. a. haec dicit: „complectitur liber optime ser-
vatus uno tegumento duas partes plane alienas, inter se satis
distinctas alia charta, alio atramento, propriis paginarum nu-
meris, quarum in posteriore leguntur Panegyrici XII, prior
continet una manu scriptas declamationes Quintiliani 252–388
et inde a folio 147 Calpurnium. codex scriptura eleganti atque
dilucida insignis est. tituli singularum declamationum minio
picti sunt." Correcturas easque multas altera manus (B[2]) addidit, de quibus p. XIsq. disputabimus.

C **Codex Chigianus Latinus H VIII 261** (C), liber chartaceus 90
foliorum saec. XV, continens declamationes Quintiliani mino-
-es 252–388 et inde a folio 81[v] excerpta Calpurnii. Scriptus est
liber una manu litteris inclinatis; tituli et subscriptiones minio
picti sunt. Altera manus (C[2]) hic illic scripturam corrigens
quinquies sola veram lectionem restituit: 2,23 ⟨in⟩feliciter;
9,6 parricida⟨m⟩; 9,15 mala (cf. tamen quae p. V de N dico);
10,22 quidem; 11,17 filios. Quas emendationes correctorem non
e codice quodam sumpsisse sed suo ingenio usum fecisse veri
simillimum videtur.

M **Codex Monacensis Latinus 316,** libellus chartaceus 19 foliorum

---

[5] Ego omnes libros per imagines phototypicas benigne mihi com-
paratas Lundae contuli annis 1974–75.

saec. XVI (M), sola Calpurnii excerpta continens. Correcturae
paucae prima manu factae sunt. Huic libello artissime con-
iuncta sunt ea 16 folia **codicis Bernensis Latini 149** (N), libri N
chartacei saec. XVI, quibus Calpurnius continetur[6]. In utro-
que libro singulis declamationibus et numeri ascripti sunt, et
adnotatum est, pro quo vel contra quem oratio habita sit[7].
Quarundam declamationum tituli in MN inveniuntur, quos
BC omiserunt, de qua re plura p. IX dicam. In N correcturae
paucae manu prima factae sunt; semel alterius manus correc-
tura in margine legitur, vide p. XIII.

Sine dubio iam Lehnertius in eo quod maximum est, recte
intellexit, qua ratione codices inter se coniuncti essent, neque
multum hoc meum codicum stemma ab eo differt, quod apud
Lehnertium (p. X) invenitur[8]:

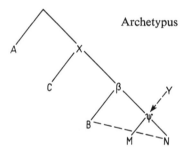

Archetypus

---

[6] Codex Bernensis liber collectaneus est, cuius ego sola 16 folia
Calpurnium continentia inspexi. Lehnertius dicit: ,,insunt in illo
collectanea Bongarsii iuridica, medica, alchymica diversae et
originis et temporis".
[7] Has notulas etiam B[2] codici B inseruit, vide p. XI. Cum mihi
persuasum sit has adnotationes non ab excerptore ascriptas sed
manu multo recentiore (ψ vel Y, cf. supra), eas in apparatu critico
accipere nolui.
[8] Moneo me non omnibus libris eadem signa atque Lehnertium
attribuisse: ABC apud eum eodem modo adhibentur, at β littera
Lehnertius eum librum significavit, quem ego X appello. Cetera
signa primus adhibui.

Haud absurde Ritterus (in declamationum minorum editione
pp. XII sqq.) credidit eum codicem, quem X littera significavi,
eundem fuisse, qui in epistula Io. Ant. Campani ad Fr. Piccolo-
minium, cardinalem Senensem, data dicitur e Germania in
Italiam missus esse. Scimus enim e verbis ipsius Campani
illum codicem 'centum et triginta sex Quintiliani declamationes'
esse complexum, quod optime cum eo congruit, quod BC a
decl. 252 incipientes 136 declamationes continent.

Stemmate proposito primum demonstrare conabor omnes
libros servatos ex uno eodemque archetypo fluxisse. Quod
facere posse me spero, licet solum fragmentum codicis A relictum sit. Confer sis hos locos, ubi easdem omnes libri corrupte-
las praebent:

	codd.	vera lectio
1,2	proximi	proximae
2,9	mittit	?
2,12	amavit	amavi
2,13	formarum	?
2,23	feliciter	infeliciter
4,12	servum	sacrum
5,11	qui	quin (*ni fallor*)
5,13	crucem	lucem
5,21	quod	cui

Mihi persuasum est neque A ex X neque X ex A fluxisse, licet
hoc magis ex ea ratione eluceat, qua textus declamationum
minorum in ABC traditus est quam e lectionibus in Calpurnii
excerptis traditis. Ad hanc enim rem probandam iure negaveris
eos locos quicquam valere, quibus A et X inter se differunt;
sunt autem hi:

	A	X	vera lectio
1,5	et	at	et
1,8	occidere	occiderit	occidere
2,14	miraris	mira res	miraris
2,16	in eo est	est in eo	in eo est (?)

3,2	livor	labor	livor
4,1	Parricida carcerem petens	*om.*	
4,9	gemitum miseri	miseri mei gemitum	gemitum miseri (?)
6,2	minas venales	venales minas	minas venales (?)
6,6	quid	*om.*	

Tum eo progrediemur, ut affirmemus C et BMN ($=\beta$) ex eodem hyparchetypo fluxisse. Quod cum e locis iam supra adhibitis tum e communibus his corruptelis, licet A comparare non possimus, elucet:

	BCMN	vera lectio
7,2	ista	iste
7,21	ignem	eculeum
8,19	prodesset	prodisset
10,15	post	postquam
10,17	maior	maioris
11,1	extinctum	extinctus
12,16	noverca est alta	novercae stulta
14,4	arcem (-ce MN) enecavimus	arce me nec animus
14,9	*om.*	abdicatus

Plura afferre nil attinet. Quaerentes iam, quae ratio inter β et C intercedat, videbimus BMN ex uno fonte (β) emanasse et C ab illis separandum:

	BMN	C	vera lectio
1,2	quaedam quae	quae ($=$A)	quae
1,7	*om.*	ante ($=$A)	
2,1	quidem	idem ($=$A)	idem
5,18	accederent	accederet ($=$A *ante corr.*)	accederent
7,17	si	sic	sic

9,14	excaecare ex- caecasse	excaecasse	excaecasse
10,5	illa	in illa	illa
20,4 sq.	*om.*	Fuit – mallet	
30,19	*om.*	novam	
35,9 sqq.	*decl. om.*	*decl. habet*	

MN neque e B neque e parente eius fluxisse, sed e libro postea, ut videtur, deperdito (ψ, qui tamen ipse e β fluxit) his locis selectis, ut opinor, apparet[9]:

	B	MN	C	vera lectio
5,6	pater	paterer	pater	patiar
5,11	odit, avertitur	a., o	o., a.	o., a. ($=$ A)
7,2	infamet	infament	infamet	infamet
10,23	malum est	malum	malum est	malum est
13,21	nativum	notum	nativum	nativum (?)
23,8	dummodo	dum non	dummodo ne	dummodo ne

Confer hos etiam locos, quibus C et MN contra B congruunt:

11,12	tamen	tam (*corr.* N)	tamen
24,16	sacerdotis	-doti C, -dotii MN	sacerdotis (?)
24,22	orbitati non iure	-tatis non iure (-tati *ex corr.* N)	orbitati suo iure
25,12	feriam an	feriant an	ferias an
37,12	liberas	libera	liberas

Huc accedit etiam 12,20 *habet* BN recte: *habent* CM. Cum necesse sit X eam lectionem praebuisse, quam CMN habent, lectiones meliores codicis B (*tamen, sacerdotis, liberas, habet*) coniecturae sunt, quarum duae etiam in N inrepserunt, licet de lectione *tamen* valde dubitem.

Non est autem dubium, quin ille liber deperditus, quem ψ

---

[9] Hoc et aliis locis de B^2 non curo.

voco, quamquam paucis locis una cum C lectiones hyparche-
typi servavit, tamen et interpolatus et – ut puto – contaminatus
fuerit. Atque primum apertas quasdam interpolationes eius
codicis afferam:

2,10	offusciora – coloratiora	effusiora – collectiora
7,2	infament (*propter falsum illud* ista.)	infamet
11,4	fletus	fletuum C *recte*, -tui B
16,6	vos *add.*	*om.* (*lege* ⟨mori⟩)
22,15	se iam	scio B, scios C (*lege* suos)
25,10	spectata in	specta in (*lege* spes tamen)
39,5	illo (*propter falsum illud* patri)	illa
40,6	sine nobis orbatis	nisi nobis arbitris C *recte*, nisi vobis orbitas B

Semel (29,19) aperte videmus parentem codicis M variis
lectionibus instructum fuisse: pro vera lectione *continet* (CN)
habet B *tenet*, M *tenet continet*, neque credibile est illud *continet*
e coniectura ortum esse. Sequitur, ut non solum coniecturae,
sed lectiones etiam alicuius codicis in ψ ascriptae fuerint, id
quod non parvi momenti videtur: nam et circiter 70[ies] in hoc
tam exiguo excerptorum textu lectiones codicum MN ceteris
praeferendae mihi quidem videntur, et 11[ies] titulos declamationum in MN legimus, quos BC omiserunt[10]. De origine horum
titulorum quid Lehnertius iudicaverit, non satis perspicio. P.
XIII adnot. 2 haec dicit: „potuerunt ei addi opera non difficili.
appositi sunt eodem consilio atque ratione quo numeri ad-
notationesque cuius in usum declamatio scripta esse fingatur,
cui plurimae quoque interpolationes debentur; nempe studium
in eo collocatum est, ut omnia usui atque commoditati legen-
tium quam maxime aptarentur, neve paulo insolentius dicta

---

[10] Cf. adnot. ad decl. 14; 16; 39–44; 47; 49.

offensioni essent." Interpolatos igitur hos titulos Lehnertio
visos credas, at in textu eos ut genuinos posuit. Equidem eos
una cum variis lectionibus ex alio codice sumptos esse credi-
derim. Iam eos locos enumerabo, ubi lectiones codicum MN
lectionibus codicum BC meliores cum A conferre possumus:

	MN	A	BC
2,9	qua	qua	quam
2,12	iudices	iudices	iudicem
3,13	negat	negat	necat
3,14	iudicasset	iudicasset	iudicasse(ind-C)
4,8	annus	annus	annos
5,7	es	es (sec. Lehnert)	est
5,23	displicuere	displicuere	displicere
6,6	patientis	parentis	parentis

Constant MN sexies cum A congruere, bis veram lectionem
solos praebere. Huc accedunt duo (vel tres) loci: 4,1 A solus
titulum decl. 4 (*Parricida carcerem petens*) servavit: pro hoc
titulo in BC omisso praebent MN *Damnatus parricidii*, quod
nihil aliud est quam prima argumenti verba; similiter 12,4, ubi
BC titulum omiserunt, MN prima thematis verba (*Veneficii rea*)
pro titulo habent. Et sic fortasse etiam de 36,13 *Vir fortis et
orator* (MN, om. BC) iudicandum est. At hi loci cum iis con-
ferri non possunt, quibus MN titulum in X, ut videtur, omissum restituerunt.

Lectiones supra enumeratas consideranti maxima earum pars
per coniecturam restitui potuisse mihi videtur, sed dubito de
6,6 *patientis*. Iam ceteras eas codicum MN lectiones dabo,
quas potius e codice sumptas putaverim:

	MN	BC
4,18	verbera, cibus	verberantibus
5,1	liquet	linquetur
9,20	damni	L anni
10,21	sola tu	solatia

11,16 audaciae genus	auditu agemus (-nus C)
12,15 venenum datum	vindicatus
13,2 venenum datum	verecundatus
13,16 serpebat	scribebat
15,12 tenue	tenet
15,24 ante (= *potius*)	ad te
22,5 doloris – desum	dolores – desunt
39,13 qui semper	quis est per

De titulis in MN tantum traditis haec quoque dicenda sunt:
Eundem titulum, quem Calpurnii declamationi 40 ψ addidit,
habet etiam Quintil. decl. min. 354, quae de eadem re composita
est. At Senecae controversia 6,6, quae ea quoque de eodem
themate est, habet titulum *Adultera venefica*. Ceterum neque
Calpurnii decl. 6 (*Decreto reditu exul occisus*) neque decl. 37
(*Filius meretricis suae redemptor*) eundem titulum atque
Quintil. decl. min. 351 et 356 habent, quamquam hae de isdem
rebus scriptae sunt, et illi Calpurnii tituli in omnibus libris
(excepto A in decl. 37) traditi sunt. Talis igitur comparatio
nihil affert subsidii ad diiudicandum originem eorum titulorum,
qui in MN tantum inveniuntur.

Transeamus iam ad considerandum, quae ratio inter M et N
et B[2] intercedat. Constat B[2] permultas lectiones ex N, ut mox
videbimus, sumptas in codice B inseruisse; quin etiam illi tituli,
de quibus iam egimus, et adnotationes in MN factae, pro quo
vel contra quem oratio habita sit, a B[2] exscriptae sunt. Ut
circiter quinquagies lectiones codicum MN non adnotavit B[2],
ita saepius cum iis congruit. De hac autem re audiamus Lehnertium (pp. XIII sq.) : ,,Qui B et Bernensem inter se comparaverit,
mox inveniet ita correcturas codicis B ab altera manu factas
cum verbis Bernensis congruere, ut luce clarius sit aut Bernensem ex B descriptum esse, postquam alterius manus correctio-
nes factae sunt, aut B postea ex Bernensi esse correctum.
alteram coniecturam, nempe eam, B ex Bernensi esse correctum,
esse veram, inde efficitur, quod decl. 23 B omisit verba: *at ego
dico meus est*, b (i. B[2]) et Bernensis ea praebent.'' Hoc certe

nihil probaret, siquidem verum esset, at B² verba omissa *non* supplevit[11].

Bis tantum B² lectionem adnotavit, quae ex N sumpta esse non potest: 17,18 *multari: ultam* BC: *multam* MN : *inultam* B² ; 20,6 *crede* codd. : *credo* B². At fortasse scripturam codicis N male legit. Hunc autem codicem, non M, fontem manus B² fuisse his locis apparet:

	B²N	M	B	vera lectio
22,4	vel	nec	nec	nec
24,11	remittitur	dimittitur	dimittitur	dimittitur
25,17	in vita liberis	in vita bonis	invitabo nisi	in vita bonis

Iam eos locos etiam dabo, qui probant et lectiones manus B² ex N haustas et hic illic lectiones primarias codicis B in N receptas esse:

	MN	N *corrigit in*	B	B²	vera lectio
11,12	tam	tamen (*mg.*)	tamen	–	tamen
11,19	inconstantiae	-ium	-ium	–	-ium
22,10	avo	patruo (*mg.*)	patruo	avo	avo
24,22	orbitatis non	-tati non	-tati non	–	-tati suo

---

11 Lehnertius pp. XIV sqq. complures lectiones codicum BMN et manus B² enumerans cum saepe erraverit, hoc loco veras lectiones pro falsis illius dabo (numeri perspicuitatis causa ad Lehnertii editionem pertinent): 1,6 *familiae proximae* N sed corr.; 1,12 *occiderit* etiam N; 2,2 *Aethiopus* M, et ex *-ops* N; 2,7 *parentibus* etiam N; 2,13 *qua* etiam B²; 3,6 *voluit* etiam N; 3,24 *credo* etiam N; 6,17 *affecta* M; 8,2 *inquit erant* N *erant inquit* M; 9,7 *matre* N; 20,26 *peregrini cruciarius* B; 22,23 *legius eius demet* B *legis* B² (*eius demet* non corr.); C habet *legis eius demet;* 32,20 *conventa est* MN *cómenta es* s. l. N

33,16 conventa cómenta commenta conventa commenta
       est   es   es   est   es

Hoc addo: 14,6 ubi BC pro declamationis titulo *Calpurnius*
habent, ascripsit N quoque *Calpurnius* in margine. 9,15 scrip-
serat N *tam mala* (quod fortasse verum est), sed correxit in
illud falsum *male*, quod BCM praebent. 6,9 N *indicare*
scripsit, sed alia manu, quae nusquam alibi apparet, in margine
vindicare ascriptum est, quam lectionem B^2 quoque accepit.

Et de libris manuscriptis hactenus; restat, ut de editionibus
typis impressis pauca proferam. Editio princeps Calpurnii a
P. Pithoeo Parisiis anno 1580 curata est, qui haec excerpta una
cum Quintiliani declamationibus minoribus et (Taciti) dialogo
de causis corruptae eloquentiae edidit. Constat Pithoeum et
reliquias codicis A et alium quendam librum adhibuisse, de
qua re ipsius verba audiamus: ,,Sed nec illud dissimulare vo-
lumus in illo optimo et vetustissimo codice Calpurnii Flacci
vix superfuisse quartam partem: reliqua nos habuisse ex
Italico exemplari non adeo vetusto.'' Equidem non dubito,
quin hoc ,,Italicum exemplar'' codex N fuerit, cum omnes fere
huius libri lectiones proprias apud Pithoeum inveniamus, velut
7,19 *inquit erant*; 19,4 *scio me*; 20,11 *quacumque*; 22,4 *vel*
(B^{2}N); 22,20 *es*; 24,11 sq. *dicit* et *remittitur*; 25,17 *in vita liberis*;
31,2 *pauper*. Ceterum constat illum virum doctum etiam in
primis declamationibus, ubi A ad manum esset, saepius N
secutum esse, velut 1,7 *ante* om. ; 2,16 *est in eo*; 6,2 *venales
minas* ; 6,19 *minatur*, et alibi. Itaque cum Pithoeus lectionem
quandam, quae etiam in N invenitur, ,vetustissimo codici'
attribuit, necesse est de origine eius lectionis valde dubitare.

Deinde nominandae sunt editiones J. F. Gronovii (Lugduni
Batavorum et Roterodami anno 1665) et U. Obrechti (Argento-
rati anno 1698), quarum prior propter eximium Gronovii
ingenium magni aestimanda, licet post Pithoeum nemo ante
Lehnertium novos libros manuscriptos adierit. Gronovii autem merita in apparatu critico meo satis apparebunt. Sequitur editio P. Burmanni (Lugduni Batavorum 1720), qui et ipse
aliqua ad textum explicandum emendandumque contulit et,

ut ait Lehnertius (p. XX), „ut lacus rivulos in se recipit, ita omnia quae priores adnotaverant atque emendaverant, congessit textuique aspersit". Deinde tres editiones textum Burmanni repetentes ut silentio transeamus, ad G. Lehnertii editionem Teubnerianam (Lipsiae 1903) venimus, quae prima omnium fundamento admodum certo librorum manuscriptorum nititur. Quamquam adicere necesse est eum haud raro libros suos male legisse. Emendationes Schultingii apud Burmannum, Dessaueri, Klotzii apud Lehnertium adnotantur.

De hac editione pauca moneo: Quoniam nihil nisi breves sententias excerptas de Calpurnii declamationibus possidemus, quae sententiae partim inter se artissime cohaerent, ita ut eas in declamatione integra quoque eodem modo iuxta positas credas quo iam in excerptis inveniuntur, partim, licet in excerptis iuxta positae sint, e diversis tamen declamationis partibus excerptae videntur, hunc modum in sententiis separandis vel coniungendis secutus sum: Earum sententiarum primam litteram grandem scripsi, quae cum iis, quae antecedunt, non cohaerent.

Restat ut eos locos pp. 1–6 enumerem, quos in A legere nequivi (v. p. I). Eas litteras vel vocabula uncis inclusi, quae hodie non leguntur:

p. 1   **14** Aet[hio]pem   **15 sq.** sa[nitatem; alioquin]

p. 2   **2** peccan[di – inquit]   **4** [nisi – peccasse]   **5 sq.** [quas – descrip]-tas   **7** Ge[rmaniae – proc]eritas   **9** [convexus]   **10** [nascu]ntur

p. 3   **1 sq.** [forta]sse; iniuri[a – cutem]   **4** na[tura]liter   **5** [nat]-urae   **8** p[eremit. reus]   **9 sq.** virtut[e – Mari]um   **11** a[gis – tibi]   **13** st[uprum qui roga]tus   **14 sq.** [mile]s tuu[s – pepercisset]   **15** [Verginiu]s parricidio f[ugit, p]ropter   **16 sq.** fe[rro fodit. pudet] me, impera[tor: fe]minae exe[mplis mili]tem   **17 sq.** mi[natus – Cimbri]   **19** Par[s alte]ra   **20 sq.** [imperator – tinxi]sti   **22** que[m – minari]

p. 4   **1** [petens]   **2 sqq.** D[am]n[atus parricidii a]nno cust[odiatur – c]ustodi[re. ille petit, ut] public[o car]cer[e servetur.]   **5 sqq.** [Iubete –

umq]uam credere[m tam]   7 [carcerem in]videat? [Parum – crucia-
tus] 9sq. pe[rdant, ne n]on 10sq. torme[ntis me]is; [ne laxata
vincula de]sit 11 astrin[gat]; da[mnatum] 12 lar[em habeo – n]on
pa[trem], ac [ne] 14 pu[blicum – structum] 15sq. [recipientem –
Tullianumque]; f[erra]ti 17 s[tridor – suppli]cium 18sq. dis[cunt –
inge]ritur 19sq. in[exorabili – corpus] 21sq. [premunt – cogi]tat;
parricid[io] 22 – p. 5,1 [cum – hoc]

p. 5   2sq. postu[lo – p]atr[e – rogem?] 5–9 [Pars – d]ebeo;
[mit]ius 9sq. pat[er – Mirabar]; qu[is] 11 od[it,] avert[itur et]
13 d[ebere r]espi[cere] 14 [illi] 17 lupan[ar veni]ebant 22 de-
nunti[ati]onem

p. 6   4sq. qu[am] iniuriam ve]ndis? 8 Adules[cens – ho]spitatus
9 [velle tyranni]de. Sequuntur aliquot versus, qui legi non possunt.

LVNDAE   LENNART HÅKANSON

Index brevis librorum

(De editionibus vide pp. XIII. sq.)

Brzoska, J. RE III 1371.

Håkanson, L. Some critical remarks on Calpurnius Flaccus, Eranos 70 (1972), pp. 59–71.

Some more critical remarks on Calpurnius Flaccus, Eranos 72 (1974), pp. 53–64.

Hofmann-Szantyr. Lateinische Syntax und Stilistik, von J. B. Hofmann, neubearb. von A. Szantyr, München 1965 (= Handbuch der Altertumswissenschaft II 2,2).

Lehnert, G. Bursians Jahresbericht 113 (1902), pp. 109–112 et 183 (1920), pp. 265 sq.

Das corpus decem rhetorum minorum, Philologus 67 (1908), pp. 479 sq.

Meister, F. Berliner Philologische Wochenschrift 24 (1904), pp. 234–37 (iudicium de Lehnertii editione factum).

Ritter, C. M. Fabii Quintiliani declamationes quae supersunt CXLV, recensuit C. Ritter, Lipsiae 1884.

Schanz-Hosius. Geschichte der römischen Litteratur III³ München 1922 (1959), pp. 153 sq. (= Handbuch der Altertumswissenschaft VIII 3).

Weber, H. Zu Calpurnius Flaccus excerptae decem rhetorum minorum, Blätter für bayerisches Gymnasialwesen 33 (1897), pp. 251 sqq.

Quaestiones Calpurnianae ad explorandam elocutionem et aetatem Calpurnii Flacci rhetoris collatae, Donauwörth 1898.

SIGLA

in apparatu critico atque in praefatione adhibita

A   Codex Montepessulanus H 126
B   Codex Monacensis Latinus 309
C   Codex Chigianus Latinus H VIII 261
M   Codex Monacensis Latinus 316
N   Codex Bernensis Latinus 149
X   Consensus codicum BCMN
β   Consensus codicum BMN
ψ   Consensus codicum MN
s. l.   supra lineam (addidit)

Ceterum usitatissimis tantum notis usus sum.

I. Uxor tyrannicida

Quinque cum tyranno proximi familiae puniantur. Quae habebat
duos filios et tyrannum virum, tyrannicidium fecit. praemio
impunitatem liberis postulavit; meruit. ex his alter occupavit
5 arcem. et eum mater occidit. petit alteri impunitatem; contra-
dicitur.

„Occidam" inquit. quanta nobis ante patienda sunt, dum
occidere tyrannum femina possit et mater velit! „non possum
mortem filii mei videre." hoc est ergo, quare illum velimus
10 occidere.

Pars altera

Petit praemium, non quod accipiat, sed quod accepit.

II. Natus Aethiops

Matrona Aethiopem peperit. arguitur adulterii.

15 Expers iudicii est amor; non rationem habet, non sanitatem;

INCIPIVNT (-IT A) EX CALPVRNIO FLACCO EXCERPTAE
codd., *et post* EXCERPTA X (decem B) RHETORVM MINORVM
ABC
    ci
1 tyrannida B   **2** proximi *scripsi, cf. Cic. Inv. II 144* : -mae *codd.*
familiae proximae *ante corr.* N | puniuntur A² | quaedam quae
B MN   **4** liberis *in mg.* A² : libens B   **5** et A : at *cett.* : *om. Pith.* |
eum : cum B | alter A   **7** ante *om.* B MN   **8** occidere A : -erit
(-t *del.* C) *cett.* | femina *s.l.* A   **11** Pars altera *in mg.* A   **12** accipiat
A | sed quod accepit *in mg.* A
13 Aethiopus (*ex* -ops MN) *vel* Eth- *codd.*   **14** Matrona habet Aeth-
A, *cf. quae scripsi Er. 1974, 54*   **15** iudici A | noratione A

alioquin omnes idem amaremus. Nonnumquam incredibiliter
peccare ratio peccandi est. „Non semper" inquit „similes
parentibus liberi nascuntur." quid tibi cum isto patrocinio est,
nisi ut appareat te peccasse securius? Miramur hanc legem
esse naturae, ut in sobolem transeant formae, quas quasi   5
descriptas species custodiunt. sua cuique genti etiam facies
manet: rutili sunt Germaniae vultus et flava proceritas; Hispa-
niae ⟨...⟩ non eodem omnes colore tinguntur. ex altera parte,
qua convexus et deficiens mundus vicinum † mittit orientem,
illic effusiora corpora, illic collectiora nascuntur. diversa sunt   10
mortalium genera, nemo tamen est suo generi dissimilis. „Quid
ergo?" inquit „amavi[t] Aethiopem?" est interdum, iudices,
malarum quoque rerum sua gratia, est quaedam † formarum
voluptas. miraris, si aliquis non sapienter amat, cum incipere
amare non sit sapientis? da mihi sanos mulieris oculos: nemo   15
adulter formosus est. periturae pudicitiae minima in eo est
sollicitudo, quemadmodum pereat. proprium est profanae
libidinis nescire, quo cadat. ubi semel pudor corruit, nulla
inclinatis in vitium animis ruina deformis est. is demum libidini
placuit, in quem non posset mariti cadere suspicio.   20

Pars altera

Ita non maius est argumentum pudicitiae, quod parere voluit,
quam impudicitiae, quod ⟨in⟩feliciter peperit? vides partum
laesis fortasse visceribus excussum: multum fortunae etiam
intra uterum licet. vides sanguinis vitio perustam cutem; co-   25

---

1 idem : quidem B MN   3 est *om.* A (*suppl.* A²)   4 securus C (*corr.*
C²)   5 sŏbolem A | transeat A (*corr.* A²)   7 rutuli AC MN | *post*
proceritas *interp.* M *Obrecht, post* Hispaniae *Lehnert et alii* | Hi-
spaniae A : hesperiae *cett.*   8 *lac. statui* | partae A   9 quam B
(*corr.* B²) C | mittit: *an i.q.* emittit *?* : metuit *Barth* : nutrit *Burman*
  10 offusciora B² MN | coloratiora B² MN   11 generi *ex* -ere A
vel A²   12 inquid *s.l.* A² | amavi[t] *Schulting* : -vit *codd.* | iudicem
B (*corr.* B²) C   13 formarum : deformium *Gron.* (*cf. l. 19*) : ⟨foe-
darum⟩ formarum *Klotz, Lehnert; an* poenarum *?*   14 mira res
BC MN   16 est in eo BC MN   23 ⟨in⟩feliciter C² *et coni. Pith.*
25 sqq. colorem – cutem *om.* A (*suppl.* A²)

lorem putas: istud fortasse infantis iniuria est. hoc ipsum, quod
alte infuscatam cutem livor infecit, dies longus extenuat. nivea
plerumque membra sole fuscantur, et corpori pallor excedit;
quamvis naturaliter fuscos artus umbra cogit albescere. tantum
5 tempori licet, quantum putas licere naturae.

III. Miles Marianus

Miles Marii adulescens propinquum Marii tribunum vim sibi
inferentem peremit. reus est caedis. C D.

„Propinquus" inquit „imperatoris occisus est." macte virtute,
10 adulescens, et Marium vindicasti. Ubicumque periclitatur pudicitia, suam legem habet. Quid agis, tribune? tibi nondum vir
est, qui Mario iam miles est? Non longe ab eo est miles, ut
promittat stuprum, qui rogatus tantummodo negat. Crede,
imperator, male de te iudicasset miles tuus, si tribuno peper-
15 cisset. Hanc vim Verginius parricidio fugit, propter hanc
Lucretia pectus suum ferro fodit. pudet me, imperator: feminae
exemplis militem tueor. Stuprum minatus est militi tuo: minus
est quod nobis Cimbri minantur.

Pars altera

20 Miles tuus, imperator, iam aliquid impudici habet quod ad
impudicitiam placet. Tu gladium commilitonis tui cruore
tinxisti, quem satis fuit minari.

---

2 alte : ita *Pith.* | livor A : labor *cett.* **4** umbra : membra B (*corr.*
B²)
6 *titul. in mg. suppl.* A² **7** Marii *in* -ianus *corr.* A² *sed deinde* -anus
del. **9** inquid A | **9** est ɔ̄ macte BC : est o macte MN **11** agis :
ais *proposui Er. 1974, 54* **12** miles² *delere vult Winterbottom (per litt.)*
13 necat BC (*corr.* B²C²) | credo BC MN **14** iudicasse B (*corr.* B²) :
indicasse C **15** Virginius MN | parcidio A **17** militi – est *om.* A
(*suppl.* A²) *sec. Lehnert; ego verba in* A *legere nequivi* **21** gaudium B
22 cinxisti C | "*vet.* mirari" *Pith.*

IV. Parricida carcerem petens

Damnatus parricidii anno custodiatur. Qui sub noverca damnatus est, vult illum pater domi custodire. ille petit, ut publico
carcere servetur.

Iubete quam primum ad illas me impiorum tenebras trahi.   5
liceat impetrare quod non licet recusare. Ego me umquam
crederem tam infelicem, ut mihi aliquis etiam carcerem in-
videat? Parum est tibi in cruciatus meos annus et carcer;
vereris, ne quem gemitum miseri aures tuae perdant, ne non
singulis tormentis meis paterni oculi fruantur, ne laxata vincula   10
desit qui astringat. Non potes adversus damnatum iure patris
uti: iam non larem habeo, non sacrum, non patrem, ac, ne
damnatum esse paeniteat, non novercam. Video carcerem
publicum, saxis ingentibus structum, angustis foraminibus
tenuem lucis umbram recipientem. in hunc rei abiecti robur   15
Tullianumque prospiciunt, et, quotiens iacentes ferrati postis
stridor excitat, exanimantur, et alienum supplicium [ex]spec-
tando suum discunt. sonant verbera, cibus recusantibus spurca
manu carnificis ingeritur. sedet ianitor inexorabili pectore, qui
matre flente siccos teneat oculos. inluvies corpus exasperat,   20
manum catenae premunt. Quid est, quod me lex anno reservat,
nescioquid diu cogitat? nimirum de parricidio, etiam cum

1 *titul. in* BC *omissum* (*pro quo* Damnatus parricidii *ex argumento*
MN) *habet* A; *ego tamen sola verba* Parricida carcerem *legere potui*
2 Qui⟨dam⟩ *propter sequens* illum *legendum suspiceris, at fortasse*
plura exciderunt velut qui sub noverca ⟨erat, parricidii⟩ damnatus
est.   **3** pubric⟨o⟩ A   **6** non *del. Schulting, at intellego:* liceat reo
hac in causa impetrare quod aliis in causis reis non licet recusare
| *"vet.* excusare" *Pith.*   **8** meus A² | annos B (*corr.* B²) C   **9** ve-
reris *s.l.* A | miseri mei gemitum BC MN   **11** non : nos B (*corr.*
B²)   **12** iam *om.* A | sacrum *Gron., cf. Quintil. Decl. min. 159,2*
Ritter: sacra maiorum, deos penates : servum *codd.*   **13** non *om.*
A *signo addito*   **15** coniecti *Pith.*   **16** -que A *sec. Pith., et rhythmo*
commendatur : *om. cett. Lehnert* | postes A : *om.* B (*suppl.* B²) :
pstis *ante corr.* C   **17** excitat *om.* B (*suppl.* B²) | [ex]spectando
Gron.   **18** verbera cibus : verberantibus B (*corr.* B²) C   **19** sedet :
sed A   **20** flente ~~inexorabili~~ siccos M   **22** diu : adhuc *Pith.*   **22 sq.**
etiam – liquet : *malo* etiam cum liquet, non creditur

creditur, non liquet. Aestimate, iudices, quid fugiam, qui hoc
postulo! Quid hoc est, iudices, a patre parricida non timeor?
Dicam „saevite" cum rogem? dicam „miseremini" cum carcerem rogem?

5   Pars altera

Egone secretum isti conscientiae dabo et ibi te patiar includi,
ubi non erubescas? dignus es, parricida, dignus es videre
patrem, si tam grave putas, ut vel carcerem malis. Debeo,
iudices, debeo tandem agere mitius pater, si tam graviter sibi
10 damnatus irascitur. Mirabar, si quis tantum sceleris auderet,
qui⟨n⟩ contemnere carcerem posset. Fugit, odit, avertitur et
limen patris execratur: ignoras profecto sortem tuam, si putas
aliud iudices debere respicere, quam quod nolis. hanc lucem
patere, si gravis est, hunc diem, si odisti, vide. Nihil illi adversus
15 patrem liceret, si parricida non esset.

V. Leno

Iuvenes frequenter ad lupanar veniebant. cum his leno frequenter denuntiasset, ne accederent, foveam fecit et complevit
ignibus. adulescentes cum venissent, exusti sunt. accusatur a
20 parentibus eorum leno laesae rei publicae.

„Denuntiavi" inquit: dii boni, quantum ausus est, cui ne post
denuntiationem quidem creditum est! Fuit in illis summa
pietas: placuere patribus; summa frugalitas: displicuere lenoni.

---

1 linquetur B (*corr.* B²) C | Aestimate iudices *Pith.* : aestima
aliud BC MN (A *legi nequit*), *cf. Quintil. Decl. min. 195,1 Ritter:*
aestimate, iudices, quid timuerint, qui hoc fecerunt. **6** patiar *Pith.* :
pater BC : paterer MN **7** es¹ A (*sec. Lehnert*) MN : est BC **10** iras-
catur MN | auderet MN : -iret *cett.* **11** qui⟨n⟩ *scripsi Er. 1972, 61* :
⟨nisi⟩ qui *Schulting* | avertitur odit MN **13** recipere *ante corr.*
N | lucem *Gron., cf quae scripsi Er. 1974, 55* : crucem *codd. Lehnert*
15 ⟨et⟩si *Pith.* | est B (*corr.* B²)
18 accederet *(sed corr.)* C **19 sq.** apparentibus A **20** eorum
s.l. A **21** inquid A | cui *Burman* : quod *codd. Lehnert* | nec C
| post *ex* potest A **23** parentibus MN | displicuere͂ MN : -cere
cett.

6 CALPVRNII FLACCI

Tu te iure audes defendere? nihil ei licet, in quem nihil non licet. „Denuntiavi" inquit: novimus lenonum minas venales. „Iniuriam" inquit „faciebant mancipiis meis." quid enim aliud in his quam iniuriam vendis?

Pars altera

Vbi quid futurum est denuntiatum, culpa patientis est.

VI. Decreto reditu exul occisus

Adulescens dives nobilis hospitatus apud exulem. exul scripsit senatui velle se indicare de affectata tyrannide. senatus revocandum censuit hoc divite contradicente. dum revertitur exul, occisus est. accusatur dives affectatae tyrannidis.

Intercepisse te putas indicium? ipse fecisti. Secundum sententiam divitis pauper non est reversus. Dicturum se de tyrannide pollicetur: quid vis suspicemur? Tu nihil nuntias, sed, unde venisti, venerunt epistulae consecutae. sed cur de publico statu mandare hospiti noluit? Putatis illum contradixisse? confessus est. Sceleratis ingeniis et plus quam civilia cupientibus non dominari instar servitutis est. iam pridem [te] arci nostrae tua fortuna minitatur. supra civilem hanc peraequationem divitiae te elevaverunt. Non sine exemplo timemus: in Manlio quondam potuisse damnatum est.

---

2 minas venales A : venales minas *cett.* 5 Pars altera *om.* A 6 quid A : *om. cett.* : ubi, quid f., est *e.q.s. Lehnert*, sed quid = *aliquid* | denuntiatur C | patientis MN : parentis *cett.*
7 xul (*evan.* e) A | occisus *om.* A *et post l. 9* senatui *add.* 9 vindicare B2 MN (*corr.* N2) | affecta B (*corr.* B2) C M 10 censuit non hoc A (*sed* non *del.*) 12 puta B | fecisti *sc.* indicium, *ut iam Burman explicavit coll. Ov. Her. 16, 241* 13 *post* tyrannide *nunc finit* A *licet sequantur pauci aliquot versus, qui legi non possunt* 14 suspicemur : "*vet.* pollicemur" *Pith.* 15 unde *Gron.* : inde *codd. Lehnert* | epistulae⟨te⟩ *Gron.* 18 [te] *Lehnert* | arci nostrae : "*vet.* archonta" *Pith.* 19 minatur B MN 20 elevarunt B MN

Pars altera

Non intellego, quemadmodum infamet iste sententiam meam;
ego si auditus essem, ille non esset occisus. Inquieta res est
homo, cui iam in deterius nihil superest. Egerat mecum illic
5 multa de iudicibus, de ignominia sua. prodam necesse est af-
fectus hospitis mei: hoc tyrannis videbatur.

VII. Dives imperator

Pauper et dives inimici. pauperi duo filii. dives imperator creatus. rumor ortus est prodi rem publicam a pauperis filiis.
10 utrumque torquens pernegantem necavit, corpora eorum extra
vallum proici iussit. quae hostes sepelierunt et recesserunt.
pauper accusat divitem caedis.

Numquam, iudices, contra istum tutior veni: quicquid auferri
potuit, amisi. Soli omnium torti sunt, donec mentirentur. Ita
15 laniatos miseros, ita confusis lineamentis proici iussit, ut iam
nec pater posset agnoscere. miramini, si ab hostibus sepulti
sunt? nullos sic ab isto esse tortos nisi captivos putarent. Proditores putas, quos tam misere tamque crudeliter punitos
hostis non vindicavit? „Pauperes erant" inquit „et ideo potuere
20 corrumpi." age, qui nescit illos ideo perisse, quod divitias
nimis oderant? Super eculeum corpus extenditur, et irato im-
peratori tortor non sufficit. uritur, et flagella ignibus adiuvan-
tur. quaeritis exitum? pernegavit. tortor inimicus tamen, quod

---

2 infament MN *Lehnert* | iste *sc. accusator, scripsi, cf. Er. 1974, 55* :
ista *codd.*   **5** indicibus *ante corr.* N   **6** tyranni *nescioquis, Lehnert;
intellego:* hoc *(i.e. quod passus est)* tyrannis videbatur *sc. ei, nisi
forte excerptor omisit aliquid ante* prodam *e.q.s. ad quod* hoc *spectabat*
10 negavit C *(corr.* C²*)*   **15** liniamentis C   **17** sic : si B MN | putarunt
Gron. fortasse recte   **19** *signum interrogativum cum* M *posui* |
inquit erant N   **20** quis *Meister*   **21** eculeum *Gron., Schulting, cf.
quae scripsi Er. 70, 1972, 62* : ignem *codd. Lehnert*

quaerebat, invenit, nos proditores, qui pro te, patria, etiam
sub isto militavimus.

Pars altera

Negas potuisse corrumpi? pauperes fuerunt. negas voluisse
prodere? inimici. Non possum tibi proditionis argumentum   5
afferre praesentius: quamdiu vixere, pugnatum est. Cum mihi
civitas mandaret imperium, quo malo laboraret, intellexit. im-
peratorem me fecit inimicus.

VIII. Demens ter triumphalis

Ter triumphalis, ter consularis, cum haberet liberos aeque ter 10
triumphales, ter consulares, suspendit se. liberatus a liberis ab
iisdem reus fit dementiae.

Omnium calamitatum materia est homo diu felix. nesciunt
stare successus, et quotiens prodire felicitas non potest, redit.
Mori volo; quid me iam fortuna custodit?   15

Pars altera

Ter consulatum gessisti, ter triumphasti; licet iam velit fortuna
mutari, in illius potestate non est fuisse. Quis timeret fortunam,
nisi prodisset?

IX. Pater excaecatus   20

Cum luxurioso filio pater abdita matre secessit in secretum.
excaecatus rediit. petit a filio talionem. mater se fecisse dicit.

---

1 patriam BC (*corr.* C²)   **4** ferunt B   **5** Non : *fort.* Num
11 libertus a libertis BC (*corr.* B²C²)   **15** quid : cui *Pith.* (*qui etiam*
quo *coni.*), *Meister; verba tradita bene se habent:* quid (= *quare*) me
iam *(i.e. cum senex sim et summam felicitatem iam viderim)* fortuna
custodit *(i.e. prohibet, ne moriar)*?   **18** non est *om.* B (*suppl.* B²) |
Fortunam timeret *ante corr.* M   **19** prodisset *scripsi, cf. Er. 1974,
56* : -esset *codd.*

Invenit, iudices, pessimus adulescens, quomodo utrumque ex-
caecaret parentem. Quid te secreto fecisse credamus? matrem
in foro excaecas. Non vis pro matre verum dicere, cum illa pro
te mentiatur. In tantam iuvenis processit amentiam, [ut] propter
5 illum pater ut perderet oculos, mater odisset. Tu me, mulier,
excaecare potuisti, quae nec parricidam potes? Vt innocens
sis; dum excaecaretur pater, exspectasti? ,,Non feci" inquit.
non crederem, si confiterereis. talis es, adulescens, ut excaecare
volueris patrem, ut et excaecari velit mater. quam sceleratus es.
10 plus te pater odit, quam eum, a quo excaecatus est. Tantum
ausus est integro patre; quid facturus est inter duos caecos?
Quam miser est pater, cui verum dicendum est, quam misera
mater, cui mentiendum! Non eruit oculos quisquis laborat, ut
hoc fecerit. Cuius crimen est excaecasse patrem, patrocinium
15 excaecare matrem. Qui fieri potuit, ut mala fuerit uxor, quae
tam bona mater est? ,,ego feci." non sceleris, sed matris ista
confessio est.

Pars altera

Si neganti, iudices, non vultis, quod proximum est, credite con-
20 fitenti. Sed si difficile est fateri, etiam cum feceris damni
paulum, ⟨...⟩

1 quomodo *Pith.* : quando *codd.* **4** tantum MN | amentia MN |
[ut] *delevi, cf. Er. 1972, 62, praeeunte Schulting (*"alterutrum* ut *est
inducendum*") **6** parricidam C² : -da *cett.* **8 sq.** *textum traditum
sanum putat Winterbottom (per litt.)* **9** nolueris B MN | ut et
excaecari velit mater *scripsi, cf. Er. 1972, 62 sq.* : aut te excaecare
velit pater *codd. Lehnert* **10** eam a qua *Gron. signo interrogativo
post* est *posito; vide quae scripsi Er. 1972, 63. si quid mutandum,
fortasse* quam ⟨quam⟩ scel. es, plus (= *num plus*) *e.q.s.* **11** quid :
quod MN **14 sq.** *cf. Sen. Rhet. 97, 20 Müll. (Winterbottom)* **14** excae-
care excaecasse B MN *Lehnert* | patrocinium : patronum B MN
Lehnert **15** ut tam mala N (*quod in* ut male *corr.*) *et arridet* tam
mala : mala C² : male *cett.* **16** iste C (*corr.* C²) **19** negat B (*corr.*
B²) C **20** Sed si : etsi *Schulting commate post* confitenti *posito, cui
olim (Er. 1972, 63 sq.) assentiebar, at nunc lacunam suspicor* |
fateri : confiteri *ante corr.* N | damni : L anni B (*corr.* B²) C

X. Pater receptis oculis

Cui erant tres filii, amissis duobus flendo oculos perdidit.
somniavit se recepturum oculos, si tertius filius perisset. somnium uxori indicavit, illa filio prodidit. suspendit se adulescens,
pater recepit oculos. repudiat uxorem. agit illa iniusti repudii.   5

Ante omnia hoc ad vos meae defero infelicitatis, quod videre
coepi, si spectatores oculi tertiae redeunt orbitatis; qui calami-
tatibus cesserant, parricidio reverterunt. Mirabar profecto,
quod in utriusque orbitate solus pater oculos perdidisset.
Iussus sum videre, postquam spectatorem tertia orbitas non   10
habebat. Numquid discutiunt recti necessitatem, qui aliquid
amore fecerunt? Cessate parumper, exhausti fletus, differ ali-
quantum, saucium lumen: decet esse oculos duriores, qui
scelere reverterunt. Nullum in tali calamitate ab uxore solacium:
miserationem meam tunc habuit, post⟨quam⟩ coepi monere   15
de filio. horret referre animus quod paenitet indicasse. Nec
remedia quaerenda sunt, ubi maior⟨is⟩ supplicii sanatio.
,,Gratulandum patri est, quod non filius somniavit. debet hoc
sola mater audire, vel ut filio caveat, vel ne mariti doleat
caecitatem." arcesso coniugem: ,,iam" inquam ,,esse caecus   20
cupio. Etiam nunc apud me latet quod sola tu nosti." Subito
aspectu somnii in metus veni, et, fateor, de filio quidem timui,
sed de matre non credidi. Nullum impatientius malum est quam
invidia cum calamitate. qui, ut scelerate viderem, non recepi
oculos, sed perdidi caecitatem, vidi miser primum quod ulti-   25

---

2 filiae missis B (*corr.* B²) C   **5** in illa C   **7** si (= *siquidem, quoniam*) :
sic *Pith.*, *Lehnert* : *del. Gron.*, *Obrecht* | peccatoris C   **9** perdidisse
C   **11** numquid qui B (*corr.* B²) C | discuntiunt *ante corr.* B   **12**
cessare B (*corr.* B²) C   **13** lumen : *nota sing.* | dicet B (*corr.* B²)
14 ~~necessitate~~ calamitate M   **15** post⟨quam⟩ *Schulting, cf. quae
scripsi Er. 1972, 64*   **16** et horret B MN : orret C   **17** major ⟨is⟩
Gron.   **18** filium B (*corr.* B²)   **20** accerso MN, *cf. adnot. ad 16, 12* |
caecus esse MN   **21** sola tu B² MN : solatia BC | Subito aspectu
insolite dictum pro : cum subito videre coepi   **22** quidem C² : quid est
BC : quod est MN   **23** est *om.* MN

mum videram: pendebat extinctus, et contentus laqueus
adulescentis colla tenuabat. pro nefas! haec in filium cum
oculis meis venerant. O quam putasti nec maritum posse
sanari! Iam tempus est fletuum, immo iam tempus est caeci-
5 tatis.

XI. Damnati adoptivi

Pauper et dives inimici. pauperi tres filii. quodam tempore visi
sunt amici. petit dives a paupere filios in adoptionem et accepit.
unus in adulterio deprehensus est et occisus, alius affectatae
10 tyrannidis reus factus est damnatus. tertium pauper repetit.
dives contradicit.

Nihil tamen praeter luctus meos gravius quam quod, ubi odia
nihil fecere, videatur amicitia plus nocere. Quicquid esse potuit
in paupere, totum dives accepit. qui si bonum animum in
15 adulescentes meos tenuit, filios ambo perdidimus. Novum
audaciae genus: tyrannidem affectat pauperis filius. Vtinam sic
filios perdidissem, ut queri de fortuna liceret! dolere integre
non potest, qui urgetur irasci. Scio, quales habuerim: et inimico
et diviti placere potuerunt. Divitiae inconstantium animo-
20 rum [in] summa pernicies. ⟨....⟩ vel velle ad me redire vel nolle:
si vult, non delectat qui retinetur invitus; si non vult, iam timeo,

---

1 extinctus *Pith. (qui etiam* ex tigno) : -um *codd.* | contemptus
laqueos adulescentes C   **2** proh *codd., sic semper*   **3** *an* O quam
optasti?   **4** fletui B : -us B² MN, *cf 10, 12 et* ThLL *6, 902, 21 sqq.*
10 *fort.* est ⟨et⟩ *ut iam Pith.* | paupere petit C : pauper petit B
(corr. B²)   **11** CD B   **12** tam C MN *(corr. in mg.* N) : iam *Pith.,*
Lehnert, at prodosin omisit excerptor, ut vid.; cf. 34,3   **13** facere
B *(corr.* B²) C   **16** audaciae genus : auditu agenus (-mus B) BC   **17**
filios C² : -ius C : -ium *cett. Lehnert*   **19** inconstantiae MN *(corr.* N)
et A *("vet,") sec. Pith.*   **20** [in] *delevi cum Pith. et lacunam statui;*
fort. ⟨fac eum⟩ *vel tale quid supplendum, ut Schulting suspicatus est*
21 tenetur B MN

quod divitias amare coepit. Permissae licentiae magna securitas
est potestas cum moderatione. Recordare, quantis meis re-
demerim malis, ne adhuc videremur inimici!

XII.⟨................⟩

Veneficii rea torqueatur, donec conscios indicet. Amissa uxore, 5
ex qua habebat filium, duxit alteram et de ea suscepit filiam.
adoleverunt ambo infantes. repente ambiguis signis perit
adulescens. pater uxorem accusavit et damnavit. cum torque-
retur, filiam sibi consciam dixit. petitur puella ex lege ad poenam. adest ei pater.   10

Noverca filios nostros aut insimulatione persequitur aut veneno,
quae scelus suum et in domo veneficae et in suppliciis docuit
parricidae. Adoleverunt ambo, sed minor filia et praeter sexum
multo fratre simplicior. In uno utriusque mortem videtis: cum
periit adulescens, et fratri venenum datum est et sorori. O 15
novercae stulta crudelitas: amasset et consciam putaremus?
pro nefas! conscia dicitur, cui frater perit! Cur, postquam ado-
levit puella, est interemptus adulescens? tamdiu ergo fuit
novercae quieta crudelitas, quamdiu aetas illius ad persuasio-
nem conscientiae perveniret? modum non habet iracundia 20
mentiendi.

---

1 quod : *cave ne pro* ne *dictum accipias (H-Sz. 582)*; *potius sic explicandum:* si non vult, iam (= *iam nunc*) timeo *(sc, ne ille quoque
pessum eat)*, quod *(= quoniam)* d.a.c. | permissae licentiae =
iuveni immodice et intemperanter viventi, ni fallor **2** redimer in C:
-eri in C² **3** videremur *Gron.* : redimeremur *(e l. 2) codd.*
4 titul. *om.* BC : Veneficii rea *ex argum. suppl.* B² MN; *cf. praef.
p. 10* **6** quo C | altera C **11** veneno *ex* -um M **12** docuit :
cf. 14, 13 **14** frater C | utrius BC | mortem videtis *scripsi* : mentem
videris *codd.* **15** fratri *scripsi* : patri *codd.* | venenum datum B²
MN : vindicatus BC, *cf. 13,2* **16** novercae stulta *Obrecht* : noverca
est alta *codd. Lehnert* **17** frater : pater B *(corr. in mg.* B²) | periit B
(at perit *hoc loco vel perf. vel praes.)* **19** quieta novercae *ante corr.*
N | quamdiu = *donec* **20** perveniret *Francius* : -venerit *(ex* -int B)
codd. Lehnert at imperf. sensu (finali) commendatur | habent CM

XIII. Medicus tyrannicida

Tyrannicidae praemium. Tyrannus suspicatus sibi venenum datum ab eo medico, quem in arce habebat, torsit eum; ille pernegavit. misit ad medicum civitatis. dixit datum illi ab illo
5 venenum, sed se remedium daturum. dedit poculum, quo exhausto statim periit tyrannus. contendunt de praemio.

Absit, sanctissimi iudices, ut hanc vos fidem tyrannicidii detrahatis, quam et medicus confirmaverit et tyrannus. Confingunt nocendi voluntatem, postquam sanandi rationem perdiderunt.
10 Poenas meas hinc cogitate, in quibus nec ira nec natura cessavit. tolerabilis vis est, ubi ad consuetudinem mali causa necessitatis emergit. Praemium consequitur qui ausus est et confirmare meum venenum et suum remedium polliceri? Vltio quidem illa, non quaestio. tyrannus venenum quaesivit? se
15 vindicavit! O quam facile † gerunt persuasiones illecebramque in contrarium transferuntur † virus serpebat interius et artus omnes longa poenarum dilatione languebant: veneficium iam tyrannus agnoverat. quia instantem interitum sentiebat, festinans medicum flagitabat. Vnde venenum tam celeriter prae-
20 parasti? dicis forte „maior mihi dandi veneni fiebat occasio, quae ex ipsius voluntate veniebat". nativum hoc genus

---

2 venenum datum B² MN : verecundatus BC, *cf. 12,15* **5** exaustu C   **6** perit C *quod fortasse ubique pro* -iit *scribendum* **9** rationem *W. Schaub* : rem BC : remedium B² MN **10** cogitare C **11** tolerabilis e.q.s. : *cf. Weber 8; ThLL* 5², *478, 72* **12** consequetur *Pith.* **14** quidem : quid B (*corr.* B²) C | se *Gron.* : sed *codd.* : veneum ⟨non⟩… sed *Gron., Lehnert fort. recte, sed cf. quae scripsi Er. 1974, 57* **15** faciles *Burman* | errant *Gron., Obrecht* | inlecebram quae C **16** transferunt ut B² MN : o q.f. gerunt (*vel* regunt) p. illecebrae ⟨ver⟩umque i.c. transferunt! ut *proposui Er. 1974, 58.* | serpebat B² MN : scribebat BC | arctus B : arcus C **18** *post* agnoverat *puncto, post* sentiebat *commate distinxi* **20** veneni B² MN : bene BC **21** nativum : notum B² MN

⟨ti⟩moris est, ut ex sensu priore ad cuncta cautior sollicitudo
procedat. nonne iam apud tyrannum cuncta suspecta praesens
formido faciebat? Medicum tota arce clamabat, quasi ego de
tyrannicidio non negassem. In arce me nec animus deseruit nec
venenum.   5

XIV. Abdicatus patrem liberans

Addictus feneratori serviat. Abdicatus de bonis paternis nihil
habeat. Libertorum bona ad patronos pertineant. Quidam ex
duobus liberis alterum abdicavit. ⟨abdicatus⟩ addictum postea
creditori patrem redemit et manumisit. quo mortuo ambigunt   10
de bonis abdicatus iure patroni et filius, qui in familia perman-
sit.

Equidem nec avarum me fuisse nec impium docui, nam et redemi patrem et manumisi. „Abdicatus es" inquit. en quem
putes doluisse casum meum! Filius dicit beneficio parentis se   15
esse nutritum, eius indulgentia libertatem civitatemque sorti-
tum; at haec ipsa patronus liberto suo contulit, quae filius a
parente percepit. proinde beneficium hereditatis filio datur,
patrono redditur. Addictus numquam sperat libertatem; negli-
genter enim et contumaciter servit, qui servire non novit. Quid 20
mihi abdicatorum obicis legem? ego si quasi filius experirer,
merito ut abdicatus expellerer; utor patroni actione, non filii.

---

1 ⟨ti⟩moris *Gron., Obrecht, cf. quae scripsi Er. 1974, 58* : moris
BC : mortis B² MN   2 cuncta *bis* MN   3 clamaba⟨n⟩t *Burman,*
Lehnert   4 arce me nec animus *scripsi Er. 1972, 65* : arcem (-ce B²
MN) enecavimus *codd.*   5 venenenum M
6 *pro titul. habent* BC Calpurnius (*quod iuxta titul. in mg. add.* N);
titul. suppl. B²   7 Addictus (*ex* Abdicatus N) B² MN : Adductus
BC | fenerator C   9 ⟨abdicatus⟩ *Gron.*   11 qui⟨a⟩ *Klotz, Lehnert*
13 me *s.l.* N   14 quae B (*corr.* B *vel* B²) C   15 dolens se (-en- *in*
ras. C) B (*corr.* B²) C   17 ad BC   18 perinde B MN   21 filium B
(*corr.* B²) C

Quid enim, si non esset manumissus? peculium servi mei pe-
teres? specta defuncti condicionem, quae fuit mortis tempore,
non quae aliquando praecessit. Sistitur venalis pater; non festi-
nat hic bonus filius? non denique metuit, ne illum redimat
5 abdicatus? filius incolumi dignitate non potuit explicare
quantum abdicatus explicuit? Quotiens se pater paenitere confessus est, quotiens de huius impietate conquestus! utinam
licuisset addicto exercere ius patrium! esset hic abdicatus, hic
filius. Bona ipsa meo sunt labore quaesita; unde senex testari
10 noluit, ne mihi quasi suum relinqueret, quod meum sciret. tu
illud prius consumpsisti patrimonium, illud amplum, illud
quod ⟨d⟩uobus parabatur heredibus. ego postulo tenue, liber-
tinum, quod vix sufficit ipsius funeri. hic enim quando sepeliet
iacentem, qui noluit redimere venalem?

15 ## XV. Ter fortis desertor

*Desertor capite puniatur. Ter vir fortis militia vacet. Praemium
victor imperator accipiat.* Ter virum fortem imperator coegit
ad bellum. coactus deseruit. imperator praemio impunitatem
desertoris petit. desertor contradicit.

20 Aequo animo imperator ferat, si, quem virum fortem senserat
obsequentem, desertorem videat contumacem? Nec poenam
possum recusare post culpam nec veniam sustinere post
gloriam. Miserum me, cuius nec infamia potest latere nec
gloria! Non ante rem publicam quam me ipse deserui: et armis

1 *post* manumissus *et post* peteres *signum interrog. posui* | peteres
MN : -eris BC   **3** processit B : aliquam depraecessit C   **4** *et* **6** *signa
interrog. posui*   **5** abdicans B (*corr.* B²)   **7** impietate *scripsi Er. 1972,
65 sq.* : simplicitate *codd.* | utinam : ut B (*corr.* B²)   **9** testari B²
MN : -are BC *Lehnert*   **12** ⟨d⟩uobus *Gron.* : nobis *codd., Lehnert* |
tenue B² MN : -net BC   **13** quando: quomodo *Burman, at* 'quando
sepeliet?' = '*numquam sepeliet!*' | saepe licet C
16 milia B   **17** *ante* coegit *habent* BC impunitatem desertor *(e l. 18),
del.* B²   **18** praemio *ex* -ium M   **20** quem : que C   **22** possunt B
(*corr.* B²) C   **24** ante : ad te BC | armis *Pith.* : annis *codd.*

et telis honestissimum corpus oneravi et, quod non sine piaculo
factum est, consecrata iamdudum arma deposui. Sto et pugno
pro legibus; aliter enim fortiter facere iam in hac aetate non
possum. Grata sunt ei crimina desertoris, apud quem nihil
valuerunt privilegia viri fortis. Novum genus damnationis 5
ignoscere. ⟨Mori⟩ volo. cur enim dubitem per infamiam senex
emori, qui etiam iuvenis optavi saepe ⟨per⟩ gloriam?

XVI. Rapta tacens

Lex raptarum. Rapta producta ad magistratus tacuit et flevit.
magistratus de raptore supplicium sumpsit. puella se interemit. 10
reus est magistratus, quod causa mortis fuerit.

Reum caedis unius arcesso, qui duos pariter occidit. Aditus
huic reo misericordiae clausus est; quid enim sperare poterit a
lacrimis? Iuvenis etiam facie liberalis, qualem nemo non sibi
aut filium optet aut generum. is cum puellae peteret nuptias, 15
diu peteret et iam sperare coepisset, festinavit ut amator et –
quid dicam – „rapuit" an „duxit"? virgo, quod solum potuit,
nihil questa est. Quis non inhorruit, quis tecum, puella, non
flevit? Dicat nunc „libuit et licuit": civis haec, an regis oratio
est? nec erat arbiter iudicii sui sed minister alieni. „tacuit" 20
inquit; o mira et muta sententia! omnes sciunt lacrimas ex uno

1 quod non – est : *non de armis depositis, sed quadam breviloquentia
de consecratis armis temere sumptis (et deinde depositis a desertore)
dictum est* 4 ei *Pith.* : et *codd., Lehnert* 5 valuere B 6 *post* ignoscere
interpunxi et ⟨mori⟩ *supplevi Er. 1972, 66* | ignoscere vos nolo (volo
in mg. N) MN 7 saepe : *nempe ter fortiter fecerat* | ⟨per⟩ *Pith.* |
gloria C
8 *pro titul. habent* BC raptarum 9 *de numerorum variatione voc.*
magistratus *v. adnot. ad. 34,1* 12 accerso MN *cf. adnot. ad 10,20* |
quid vos BC 14 etiam: *"non animo tantum" Schulting* | facile B
(*corr.* B2) | qualem *Pith.* : -lis *codd.* 15 optet *Gron.* : -at *codd.
Lehnert* | *post* generum *fort. cum Gron. commate distinguendum.*
| peteret : -eres C 16 peteret : -erent B (*corr.* B2) 18 puella *voca-
tivum esse monui Er. 1974, 59.* 19 civis *Burman, cf. quae scripsi Er.
1974, 59, et adnot. ad 36,10* : cuius *codd., Lehnert*

misericordiae fonte manare, in amore vel maxime, nam isdem
oculis, quibus amatur, et fletur. Miser ille, quem nullo accusa-
tore punisti, miserior illa, quam te vindicare simulasti. Quis te,
oro, poterit aut liberare flentem aut flere damnatum?

5   XVII. Paedagogus cruciarius

Civitatem peregrinus usurpans veneat. Pauper et dives inimici.
visi sunt in gratiam redisse. pauper accusatus peregrinitatis
venit, emit eum dives et paedagogum filio dedit. adulescens in
adulterio deprehensus occisus est. agitur paedagogus in crucem.
10 appellat tribunos de iniusto supplicio.

Equidem, iudices, propitium mihi divitem semper optavi. totum me divitis fidei, et ante quam redimerer, addixi. Audio
me subito peregrinum, quod nec pater ipse nec mater aliquando
prodiderat, nec denique umquam inimicus dives obiecerat. Filio
15 me luxurioso iam et petulanti dedit, quamvis omnia pater ipse
curaret et regeret. Imploro auxilium, quod vestri maiores servis
iam natis reliquerunt. unum non est in servitutem nasci et libertate multari. Statim credidisti fidum et idoneum iudicasti, sed
non esse felicem iam tum scire potuisti. ,,Occisus est" inquit
20 ,,filius meus". si iniuria, interfectorem argue, si iure, leges. Ego
illum adulterum feci, credo, luxuria mea servus novicius et
pauper ante quam servus. Multa largiebaris, indulgebas omnia,
nihil umquam negabas.

1 manere C | amore : amaro B (*corr.* B²) C
5 cruciariarius MN (*ex* -ciarius N; *deinde rursus in* -ciarius *corr.*)
6 veneat MN: -iat BC **7** rediisse B **10** tribunus C **13** subitum *ante*
corr. B **15** omnia et pater B MN **17** servitute *Pith.*, *Lehnert, cf.*
quae scripsi Er. 1972, 67 | libertate multari *Pith.* : -tem ultam BC :
-tem multam MN : -tem inultam B² **18** Statim : *an* satis? **22**
larguioris B (*corr.* B²) : largiueris C

XVIII. Armati abdicati

Abdicati ad curiam convenerunt armati petentes revocari. unus
ex patribus contradixit. filius eius se interemit. idem suadet, ut
recipiantur.

Peto, ne indulgeatis irae domesticae, cum me videatis publicae   5
paenitere sententiae. nam, sicut in vita numquam errare felicis
est, ita errorem quam primum emendare sapientis. Parentum
illa deliberatio fuit, haec iam cunctatio parricidarum est.
„Aetate lapsi sumus, egestate correcti. in hoc vos exoramus
loco, in quo etiam hostes superati non frustra supplicaverunt." 10
Ego ille tristis et saevus, cum abdicarem tamen flevi et semper
ex eo, licet tacitus, ingemui et opportunum ius restitutionis
optavi. restituet nobis filios auctoritas publica tamquam alia
natura. Vereor iam, P. C., ne sapientior videatur et cautior ille
abdicatorum senatus. fateor, armatorum facie non immerito   15
terremur; ⟨minantur⟩ enim suam mortem. Quemadmodum
possum, te, fili carissime, vel in morte revocabo, inferam
maiorum sepulcris et elogio, quod optasti, nomen inscribam.

XIX. Abdicatus immolandus

In pestilentia responsum est finem futurum immolato eo, qui   20
patrem non haberet. offert se abdicatus. qui abdicavit, contradicit.

---

2 convenenerunt C   5 ne *Schulting, cf. quae scripsi Er. 1972, 67* :
ut *codd. Lehnert* | publicae C. *Pith.* : -ce *cett.*   8 cum statio B
(*corr.* B²) | parricidarum MN : -diorum BC   9 sumus : *cf. quae
scripsi Er. 1974, 59 sq.*   11 saevus B² MN : serius BC | abdicarer
B | et² – ingemui *om.* B (*suppl.* B²)   12 rus C   13 vobis MN   14
cautior *scripsi Er. 1972, 67* : certior *codd.*   16 ⟨minantur⟩ *supplevi* :
⟨fatetur⟩ *Dessauer, Weber, Lehnert* | sua morte B² MN   18 nomen :
"*elogio, vel titulo sepulchrali inscribam meum quoque nomen, ut
appareat me, licet abdicaverim te, patrem tuum fuisse*" Burman
19 abdicat B (*corr.* B²) C   21 contradici C

Amplexus sum mortem usque adhuc necessariam, nunc etiam
gloriosam. Mori prohibes et intervenis, quominus spiritum,
quem fortunae meae debeo, patriae profundam. Quotiens te
video, totiens me scio patrem non habere.

5 ## XX. Prostitutus ex geminis

Ex duobus geminis alter prostat, alter reddit in senatu causas
mortis voluntariae.

Vtinam quidem, P. C., mori vellet frater! Homini verecundo
cur necesse est, ut ea de germano meo dicam, quae tanti habeo
10 perire ne videam? nostis nos, P. C.; etenim pluribus noti
sumus, quam et aetas et verecundia postulat. Raptus est mihi
frater pessimis comitibus et perditis. duce namque luxuria et
subremigante seu potius velificante nequitia in illos impudicitiae
scopulos et ipsa famae suae naufragia delatus. Pro deum atque
15 hominum fidem! qua in civitate prostitui licet, mori non licet?
an utrumque congruere aestimatis huic ordini, et vitam turpem
permittere et ab honesta morte prohibere? Vivere non susti-
nerem, si hoc in mea vel sorore vidissem. Improbi flagitatores,
qui detrimenta pueritiae suae mutuo dedecore compensant.

20 ## XXI. Pictura viri fortis

*Virorum fortium facta pingantur. Viri fortes de praemio armis
contendant.* Fratres fortiter fecerunt. pater a minori petit, ut
maiori cederet. non impetravit. proelio interfecit maiorem

---

2 gloriosum C **4** scio me N
6 alter[2] *om.* B, *post* reddit *suppl.* B[2], *sic* MN **9** cur *Burman* : cui
codd. Lehnert, qui lacunam ante Homini *suspicatus est; cf. 29,4 sq.*
10 etenim *om.* B : enim C **12** ⟨a⟩ pessimis *Gron., haud scio an recte* :
pessimus B (*corr.* B[2]) **17** pomittere B : pro- MN
22 minore MN *Lehnert* **23** imperavit C | interficit B MN | maior C

minor. petit praemio, ne facta pingantur. pater contradicit.

Si quid precibus contra filium meum possem, domi monere
quam publice maluissem. nihil audeo filio dicere, quam quod
ab ipso nuper audivi: leges uti valeant. Fuit ille amator et
cultor suorum et qui mori mallet quam quicquam mali facere.   5
„Cede fratri, cede vel patri; victor eris, mihi crede, si cesseris."
Didici salvis legibus parricidium posse committi. cetera iam
non sunt narranda, pingenda sunt. Vana et inepta formido est
videre non posse quod feceris et colorem timere peius quam
sanguinem. simuletur hoc factum non tantum colore, sed aere,   10
si possit, et lapide et quaecumque nostrorum corporum materia
vel ars aemula est. Infecta quemadmodum possunt esse quae
facta sunt? picta quidem interim non sunt, sed in omnibus
pectoribus incisa sunt, in oculis, in animis, in ipsis denique tuis
manibus. Tu victoria clarus es, ille innocentia.   15

XXII. Privignus tyrannicida

Tyrannicidae praemium. Praemio cedere liceat. Qui novercam
habebat, occidit tyrannum. cessit novercae praemio. illa pri-
vigni nuptias petit. contendunt, quis contradicat, maritus an
privignus.   20

Cum suo parente contendit, ut mihi videatur melior adhuc
privignus esse quam filius. coepit et hic me sic habere despectui,
ut, qui novercae beneficium se dedisse laetatur, a me nec
accipere dignetur. Ego primus in domo mea, fateor, erravi,

---

1 contradicit *om.* B (*suppl.* B²) C   3 *post* quam *scripsit* quicquam
mali facere *(e l. 5) sed del.* B | audeo : habeo *Schulting, at breviter
dictum puto pro: non audeo filium precibus tantum adire, sed cogor
lege uti*   4sq. Fuit – mallet *om.* B MN   6 credo B²   9 peius quam
scripsi Er. 1974, 60 : per quod BC : quod per B² MN *Lehnert*
10 similetur B MN | acre *ante corr.* B   11 posset B | quacumque
MN *edd.*
21 adhuc : *nam mox, si vicerit, cum noverca quoque contendet*   22
hic : *i.e. in iudicio*

qui uxorem duxi senex, cum iam esset in domo filius et quidem
iuvenis. dum nimium confido pietati, oculos mulieris incestos
et infanda desideria nutrivi. Novercae praemio cessit, cum
haberet in domo patrem, cui nemo praeferret in tali honore
5 vel matrem. Non privignum ante temptavit? quis, rogo, fructus
est impetrare nuptias hominis inviti? Vter [vos] vobis actor
utilior vide[re]tur et verior, maritus an caelebs? filius familias
an pater? senior an iuvenis? qui repudiatur an qui praeponitur?
qui beneficium dedit an qui accepit iniuriam? mea uxor
10 abducitur, tu quis es? meum cubile deseritur, ad te dolor iste
quid pertinet? „Ego" inquit „praemio cessi." tu ergo non potes
revocare quod dederis eamque reprehendere quam paulo ante
laudaveris. Cavendum tibi est, ne, si victus, ut sunt iudiciorum
incerta, dicesseris, dicaris iudicio quoque sic cessisse quasi
15 praemio. sic est livoris ingenium: omnia suspicantur qui nihil
⟨l⟩audant. Das amanti solacium: affers in amore vel iurgium.

XXIII. Peregrinus cruciarius

Civitatem peregrinus usurpans veneat. Liceat in matribus
adulteria vindicare et de iniusto supplicio tribunos appellare. Qui
20 videbatur de civibus natus, cum absente patre eam, quae mater
videbatur, in adulterio deprehensam insequeretur armatus, ait
illa „non es meus". perseveravit et occidit. postea iudicio
peregrinus pronuntiatus emptus est ab interfectae patre. ab
eodem agitur in crucem. reversus peregre is, qui pater vide-
25 batur, appellat tribunos de iniusto supplicio.

---

5 tentaret B : -rat MN   **6** invicti B MN | vos *om.* MN *cf. quae scripsi*
Er. 1974, 61 : Vter nostrum vobis *Lehnert* | vobis B[2] MN : nobis
BC   **7** vide[re]tur *Schulting* | et verior *suppl. in mg.* N | celeps C
12 eam quae C | reprehendere : revocare *Lehnert errore typogr.* |
quem C   **16** ⟨l⟩audant *scripsi Er. 1974, 61* : audiunt *codd.*
17 peregrini B (*corr.* B[2]) C   **18** veniat BC (*corr.* C[2])   **21** ait : at B
(*corr.* B[2]) C   **23** interfectore B (*corr.* B[2]) : -fecto C (*corr.* C[2])   **24** quae
C

Vixdum reversus in patriam si tamen hanc adversarii vel meam
patriam esse concedunt, parabam, tribuni, cognito filii mei casu
appellare vos de iniusto supplicio servitutis. Sed quatenus socer
saevit, ut nec generum velit agnoscere nec nepotem, det et mihi
veniam doloris, si non desum filio bene de me, bene de legibus   5
merito, cum ipse vindictam quaerat exigere filiae vel nocenti.
huius ego legibus filiam duxi eamque praegnantem simul vidi-
mus et uteri decem menses ambo numeravimus et natum ex ea
pignus accepimus. Sed cum me necessitas peregrinationis ab-
duceret, commendavi avo filium meum. adulescentulo prae-   10
cepi, in domo ⟨patris⟩ partibus fungeretur, et, ut plus illi
necessitatis imponerem, sententiam vestrae legis ingessi. denuntiavi postremo futurum ipsius crimen, si non patri paruisset
et legi. Adulteram, quae per insanam libidinem stimulis tanti
furoris exarserat, ut nec suos agnosceret, interemit. Peregrinus   15
esse filius meus post adulterium matris suae coepit. „Occidit"
inquit „filiam meam." grave est, tribuni, in servitute defendere
quod in libertate commiseris. Merito mulier suos iam negabat
esse quos laeserat. ipsa post tantum furorem iam sua non erat.
Illa dixit „meus non est", at ego dico „meus est". mater arma-   20
tum timuit, sed pater servientem, quod est maius, agnoscit.

XXIV. Indemnatus carnificem recusans

Lege indemnatorum interficiendum pater filium carnifici tradi-

---

2 contendunt B MN | tribunum B (*corr.* B²) C   3 deinde iusto BC
4 velit *Gron.* (*qui et* saevi⟨i⟩t – vellet *coni.*) : vellet *codd. Lehnert* |
nec² : vel B² N   5 dolores BC | desunt BC   6 nocenti⟨s⟩ *Obrecht*
8 decem : .X. B   9 ex- *vel* suscepimus *Gron.* | adduceret C   10 avo :
patruo B (*et in mg.* N) : avo *in mg.* B²   11 ⟨patris⟩ *Gron., qui et*
⟨meis⟩ *coni.* | ut *om.* B (*suppl.* B²) C   12 necessitas B (*corr* B²) C
| vestra BC   14 stimuli B (*corr.* B²) C   15 suos *Dessauer, cf. l. 18* :
scio B : scios C : se iam B² MN   16 sua (-ae B²) excepit BC   17sq.
servitutem *et* libertatem BC   20 at – est *om.* B | est² : es N *Lehnert*
21 sevientem B | maius *ex* magis B
22 recusans : -n- *ex corr.* C

dit. ille vult manu patris interfici. pater ipse, qui fuerat offensus,
ultro se non posse facere quod coeperat, confitetur.

Quam morigerum sibi filium senex iste formarit, nolo aliud
indicium, quam quod, ne patrem laedere⟨m⟩, nec mortem
5 recusavi[t]. Mori iussus adulescens in primis adhuc annis, quo
tempore et vita carissima est et mors acerba, non quaero
vitam. si potest, feriat hostiam, quam dis penatibus vovit, satis
sibi faciat meo sanguine, immo et ipse suo, dummodo ne per
manum vilem ius pietatis infuscet; quia nec iuris ratio per-
10 mittit, ut adhibeatur adversum eum carnifex, in quem non fuit
iudex. Faciat vitae finem qui originem fecit. non de morte cum
patre sed de mortis [patris] genere dissentio. eripere vis vitam,
quam dedisti; non infitiabor. quid per alterum petis? ius, quod
tibi vindicas, experire, nemo te prohibet. occide, si potes, con-
15 fitere, ⟨si⟩ non potes. Nemo umquam magistratum fecit
vicarium nec in alio militavit nec sacra gentilicia insitiva stirpe
corrupit. Vita mihi tollitur, sed manus paterna debet⟨ur⟩. non
potes, pater, legis eiusdem et inrogare supplicium et denegare
solacium. Placabo dexteram meam; cedo tantisper exosculer:
20 o manus olim mea, quae me parvulum saepe gestasti, quam
saepe lacrimis puer lavi! Erras, pater, qui facilius existimas
huiusmodi caedem videre quam facere.

XXV. Fortis duo praemia

Viro forti duo praemia. Raptarum lex. Poena raptoris in diem

---

4 indicium ⟨afferre⟩ *Meister 236* | ne : nec MN | laedere⟨m⟩ *et*
recusavi[t] *Schulting, quod me fefellerat Er. 1974, 61 sq.* : laedere⟨t⟩
Gron., Lehnert **7** feriat *Gron.* : fieri ad *codd.* | novit C **8** faciat
Gron. : fiat *codd.* | ipse *Gron.* : -a BC : -o B² MN | ne *om.* B : dum
non per MN **11** more BC **12** [patris] *Pith.* **14** vendicas B **15**
⟨si⟩ *Obrecht* **16** gentilia BC | insitiva *Gron.* : insertiva *codd.*
17 debet⟨ur⟩ *Burman, cf. quae scripsi Er. 1974, 62 et infra 24, 11 sq.*
18 legius B (*corr.* B²) | eius demet BC : eiusdem met MN **19** caedo
C
24 raptorum B (*corr.* B²) C | dies B

tricesimum differatur. Ex duobus fratribus unus rapuit. rapta
mortem optavit. poena dilata est. alter fortiter fecit. primo
praemio petit fratris incolumitatem; impetravit. secundo raptae
mortem postulat. frater contradicit.

Dum dies computo et a rapta bonum nuntium spero, subito   5
nuntiatur fratrem meum venisse victorem. petitam mihi et
veniam putavi pariter et nuptias. Nec dii sinant, ut converso iure
pro raptore rapta teneatur. Interdum praestat ad gloriam non
certare quam vincere. Ego nisi rebus ipsis ostendo, quod amavi,
confiteor iniuriam me fecisse, quod rapui. Lex dicit: raptor aut 10
pereat aut ducat. ergo raptori si poena dimittitur, rapta[e]
debetur.

XXVI. Tria praemia sacerdotis

Viro forti praemium. Vicarium poenae liceat offerre. Sacerdos
Martis damnatum liberet. Sacerdos Martis fortiter fecit. tres 15
liberi eius deseruerunt. unum servavit privilegio sacerdotis,
alterum praemio viri fortis. offert se pro tertio vicarium.

Facilius fuerat amittere filios quam eligere. Hos enim pueros in
ipsis sacris deum et altaribus educavi. ea propter nimis fretus
auxiliis deorum in aciem duxi pueros adhuc teneros, quorum   20
pater adeo iuvenis inventus est, ut et militare posset et vincere.
Resisto orbitati suo iure vel sanguine. Dulcis est omnibus vita
et iucunda vel miseris huius lucis usura, nec invenio, quis

---

1 XXX BC : trigesimum MN   **2** delata BC   **7** Nec : ne *Gron.* |
converso *Pith.* : controverso *codd.*   **10** confitebor C | dicit N : -xit
cett. Lehnert, at cf. Quintil. Decl. min. Ritter 41,26; 76,9; 83,28 et
saepius   **11** durat C | remittitur B² N | rapta[e] *Gron.*
16 sacerdoti C : -ii MN *fort. recte*   **19** fretur C   **20** quarum *(ut vid.)*
B   **22** orbitati suo *scripsi, cf. 3,11* (pudicitia) suam legem habet:
orbitatis non C MN : -ti non B *(et ex corr.* N) | vel ⟨praemio sed⟩
sangu. *Weber, Dessauer, Lehnert* | vel : sed *Obrecht*

possit vicarius esse nisi filii. mihi videtur et ille, qui primus
hanc condidit legem, nihil aliud cogitasse quam patrem. Meum
nunc sanguinem fundo, quem fundere in bello volui. num
iniquum est, aeque ut patiar pro liberis meis quod sum passus
5 paene pro vestris? Magis religio polluitur funestato quam
mortuo sacerdote. quod si religio vos tenet, etiam liberis
sacerdotis moneo parcatis: ipsi quoque omnia semper in
templo pro sacerdote gesserunt. Agricolae antiquas arbores
exstirpant, ut novas inserant. horum virtus spectabitur, nostra
10 delabitur. melior quidem fama seniorum, spes tamen minoribus maior est. Recordatio veniae magnus est stimulus indus-
triae. Non interest, orbitas, uno me vulnere ferias an pluribus.
Dedisti mihi liberos, fortuna, rapuisti; concedit alios res
publica; nec hos relinques? Quis me feriet? carnifex innocentem,
15 an commilito laureatum? ubi denique? hic inter aras et altaria,
ubi publica vota suscepi, an in campo, ubi nuper aquilas et
signa protexi? Vos, duo liberi, omnibus in vita bonis, hunc et
ipsi vitae meae praefero. factus est mihi suo periculo carior,
sed et meo: vos mihi honore[m] praestantes, hic sanguine. Si
20 mihi non licet pro filio, peribo cum filio.

XXVII. Fortis inimicum divitem servans

Viro forti praemium. Desertor capite puniatur. Pauper et dives
inimici. belli tempore dives se promisit fortiter facturum, si
sibi mors pauperis decerneretur. decreta est. ambo processerunt

---

1 filii *Gron.* : -ius *codd.* : quis *(= quibus)* – nisi filiis *proposui Er.*
1974, 63   **2** legem condidit *ante corr.* N   **3** nolui B MN   **4** inimicum
B (*corr.* B²) C | aeque : quae C   **6** mortuo *in mg. suppl.* N   **9** expecta-
bitur BC (*et in mg.* N) *Lehnert*   **10** spes tamen *Schulting* : specta in
BC : spectata in B² MN   **12** orbitatis B² MN *Lehnert* | ferias
scripsi : -iam B : -iant *cett.* : -iat *Gron., Lehnert*   **14** *signum interrog.*
posuit Meister | *post* feriet *interpunxi*   **17** in vita bonis M : invitabo
nisi BC : in vita liberis B² N   **19** honore praestantes *scripsi* (*cf. illud*
praefero) : honorem praestatis *codd.* | sanguine⟨m⟩ *Schulting*
20 mihi *Pith.* : me BC : mi MN

in proelium: pauper fortiter fecit, dives deseruit. petit pauper
praemio divitis incolumitatem. dives contradicit.

Sero coepit hic miles, iudices, mortem contemnere. Ego tacui
cum peterer, hic vivere iubetur et queritur. Expectavi diu
divitem, ut ille potius quod promisit, impleret. Ab ipso quoque 5
divite inire debeo maximam gratiam: quod ille debebat, ego
solvi. Idem in praemio facio quod in proelio: servo civem,
commilitonem meum protego. Idem eris in aevum, qui semper
adhuc fueris.

XXVIII. Dives fortis inimicus duorum 10

Dives duobus pauperibus inimicus. promisit se fortiter facturum, si sibi mors unius decerneretur. decreta est. alter C. D.
dives fortiter fecit. petit praemio mortem illius, qui contra-
dixerat. alter C. D.

Ego quidem verba facturus in alterius periculo nuper in meo 15
tacui, cum praemium peteret iniustum, qui per leges necdum
posset petere vel iustum. Per tot innocentium capita grassatur:
hunc relinquit, hunc arripit; hunc timore punit, hunc morte.

XXIX. Fortis dives inimici alteram filiam petens

Pauper et dives inimici. pauperi duae filiae. belli tempore pro- 20
misit se dives fortiter facturum, si in matrimonium sibi pauperis
una filia daretur. populus tacente paupere decrevit. dives
fortiter fecit. puella se interemit. petit dives aliam. pauper C. D.

Priusquam fortiter faceret, postulavit, confisus id sollicito

4 *post* peterer *lac. 3 litt.* C | quaeritur C **5** impleret *ex* -ploret
(ut vid.) B **7** solvi *ex* sului B **8** i⟩⟨ N **8 sq.** semper adhuc *scripsi*,
cf. Cic. De or. 1,119 : suprema die C : supremo die *cett.*
12 contradicit B MN **14** contradicit B **17** crassatur BC
19 fortes C | petit B **23** aliam *codd.* : alteram *edd. fort. recte, cf.
titul.* | contradicit B MN **24** sollicito *ex* -te *(ut vid.)* B

extorquere se populo, quod impetrare a victore non posset.
Ducat dives aliquam, sed aequalem, ducat volentem. Velis
enim nolis, suspecta res est amator inimicus. squalor et maeror,
gemitus et luctus: inimici filia talis adamatur? pauper et dives:
5 iniquum est matrimonium. ne pecora quidem iugum nisi paria
succedunt. Ego autem quid faciam? laqueum filiae solvam, an
flammeum superponam? facem nubenti praeferam, an rogum
iacentis accendam? Aliter enim merces in timore promittitur,
aliter honos in pace praestatur. Festinabit ad laqueum, pro-
10 perabit ad mortem. non creditis patri? credite vel sorori. si
vicerit, ad patrem revertetur, si victa fuerit, ad sororem.

XXX. Nepos ex meretricio susceptus

Qui habebat filios frugi et luxuriosum, ⟨luxuriosum⟩ ob
amore⟨m⟩ meretricis abdicavit. abdicatus se ad meretricem
15 contulit. illic cum aegrotare coepisset, misit ad patrem et
commendavit illi filium de meretrice susceptum rogans, ut eum
in familiam recipiat, et obiit. vult illum senex in familiam re-
cipere. reus est alteri filio dementiae.

Necesse est me hodie in hac causa amplius dolere quam dicere.
20 Pius est sine dubio filius, qui in patre mentis errorem morbo
potius assignat et fato quam moribus. miseranda potius in meo
patre quam accusanda dementia est. Multum potest abdicatio,
cum timetur; post ex pudore iam liberius erratur. Vos interrogo,

impetrare
1 et torquere B (*corr.* B *vel* B²) | ~~extorquere~~ M   **4** *fort. post* dives
non interpungendum **5** iniquum *Burman* : inimicum *codd.*   **7** flameum
B MN   **8** accedam B | mercis C   **9** honos *Pith.* : onus *codd. moneo
verba* Aliter enim – praestatur *optime post l. 1* posset *legi, sicut
alibi quoque excerptorem vel scribas transposuisse sententias facile
putaveris* | Festinabit *et* properabit *Schulting* : -vit *et* -vit *codd.*,
Lehnert
13 ⟨luxuriosum⟩ ob amore⟨m⟩ *Pith.* : ab amore *codd., cf. Quintil.
Decl. min. 357,15 Ritter* : ob amorem meretricis   **19** hac *om.* B MN
20 pius : plus B | patrem BC   **21** morbus B (*corr.* B²) | patre meo
ante corr. M

iudices, utrum sit sanus, qui et suos abdicat et adoptat alienos.
Adoptio sancta res est, quidni, quae beneficia naturae et iuris
imitatur. In quo puero nescio, quid sit indignius, utrum patris
origo quod est dubia, an matris origo quod certa est. Dixit
ille suum filium, dixit ut amator, dixit immo ipse iam parum   5
sanus.

XXXI. Adulterae soror et mater

Et matres et sorores in adulterio deprehensas liceat occidere.
Quidam cum sororem deprehendisset, occidit. furorem passus
resipiit. invenit et matrem. non occidit. abdicatur a patre.   10

Soror erravit, insaniendum est; mater adulteravit, domo patria
carendum est. Hic exitus venit, ut, ex quo malo furor coeperat,
ex eo sanitas nasceretur. Voluit me explorare fortuna, an
agnoscerem meos. Si haec poena adulterae, quid pudori super?
o importuna sanitas, ideone redisti, ut mihi adulterium matris   15
ostenderes? Abdicatus hic iterum quasi furiosus errabo, sed
certe sine mente secura.

XXXII. Desertor pater oratoris et militis

Qui filios habebat unum oratorem, alterum militem, reus proditionis factus est. pendente iudicio miles fortiter fecit. petit   20
praemio abolitionem iudicii. contradicit frater orator.

Quemadmodum vixerit pater, apparet in liberis. Publicae

---

2 quidni *scripsi, cf. e. g. Cic. Quinct. 69* : quid é in B (*sed é del.*) :
quid in C.: quidem MN *Lehnert* | natura C   **3** quo : hoc *Pith.* |
indignus B (*corr.* B²) C   **4** quod ille est dubia C   **5** immo dixit *ante
corr.* M
9sq. furorem – occidit *om.* B (*suppl.* B²)   **10** resipuit B² MN   **11**
erravit *om.* B MN | est et mater B MN | adultera vivit B² MN
12 Hic : huc *Burman, at* Hic = *talis*   **13** fortuna *vulg.* : -am *codd.* |
an – infamiam (*p. 29,2*) *om.* B MN   **14** quid *vulg.* : quod C   **16**
ostenderes *scripsi* (*et Winterbottom per litt.*) : -eris C
21 contradicit *scripsi, cum praesens hoc argumenti loco semper in-
veniatur* : -dixit C

utilitatis est omnium reorum iudicari causas, ne aut nocens
evadat poenam aut innocens patiatur infamiam. Gloria
quantum nobis honoris attulerit, tantum virtutis exposcit. In-
nocentiam patris dum liberare quaeris, infamas. homini
5 verecundo in eiusmodi crimine longe gravior est fama quam
poena. Vetus, iudices, dictum est, ut aurum igni, itidem inno-
centiam iudicio spectari solere. Melius est patri virtutum
tuarum argumento te prodesse quam praemio.

XXXIII. Amator meretricis dominae

10 Meretrix servum suum amantem se in crucem agit. appellat
tribunos ille de iniusto supplicio.

Miror quidem a muliere tam comi crucis nomen auditum, quae
nullum umquam nisi amore cruciaverit. Amor animi peculiare
secretum est. Accusatur a nobis amor et homo, qui deum
15 nostrum patitur? Esset meum crimen aut error, si te solus
adamassem.

XXXIV. Raptam pater vinculis tenens

Rapta raptoris mortem aut indotatas nuptias petat. Raptam
pater vinculis continet, raptor duci ad magistratus desiderat.

20 Nihil equidem leges clementius paraverunt, quam quod de lege
raptarum non licet alii iudicare. medius his nemo est. sum reus,

---

5 huiusmodi N   **6** igne MN | itidem MN *et ex* ididem *(ut vid.)*
B : id idem C
10 ait B *(corr.* B[2]*)* C   **13** nullum nunquam C   **14** vobis B[2] MN
18 mortem *om.* B *(suppl.* B[2]*)* C | indotatas MN : indonatas *cett.*
19 tenet B : ~~tenet~~ continet M | raptor *ex* -ori BC   **20** quod *om.*
B MN   **21** raptorum B *(corr.* B[2]*)* C *post* raptarum *non,* ut *vulgariter
interpunxi.* | alii *scripsi (possis etiam* alium *legere)* : aliud *codd.,
cf. Cic. Cat. 4,11* de meo sensu iudico; *Ulp. dig. 43,12,1,16* uti de lege
fieri licuit | his *sc.* raptae raptorique

sed exhibe iudicem meum! Pro deum atque hominum fidem!
in qua civitate raptor solutus est, in ea rapta vincitur?

XXXV. Mater et noverca invicem reae

Repudiata est a marito quae filium habebat. petit assidue, ut
reconciliaretur. non impetravit. postremo ait: ,,vindicabo me." 5
superduxit ille puero novercam. obiit puer signis ambiguis
cruditatis et veneni. reas se invicem faciunt repudiata mater et
noverca superducta.

Totum noverca commisit, quae uno tempore et maritum
miserae praeripuit et filium. Comparate, iudices, non ante 10
rerum argumenta quam nomina. quid matri deliquerat filius?
neque enim temere sic filius de levi causa quasi privignus
occiditur. ,,Repudiata es" inquit; mariti haec culpa, non filii
est, nec matris officium repudio deponitur, sed uxorium nomen
amittitur. Dolor orbitatis conscientia facinoris augetur, et, si 15
grave est amittere filios, longe gravius occidere. Nonne hoc
dicit: ,,sola dominabor, cum et hic veneno meo perierit et illa
mendacio"? Iudicasti, pater, qui et repudiatam non accusando
absolvisti et uxorem novam non defendendo damnasti.

XXXVI. Speciosus desertor   20

Desertor duci serviat. Viro forti praemium. Pauper et dives
inimici. dives creatus est imperator. pauper sub illo cum filio

---

2 solutus est : *non perf., sed = liber est, ut videtur, nam et perf. hoc
loco minus aptum et veri simile est raptorem numquam in vincula
coniectum esse* | in ea MN : in eo BC
6 puero : filio B   **9** Totum : *obscurum et mihi suspectum*   **10** miserae
N : -ere *cett.*   **11** reliquerat B   **12** qua, si MN   **15** orbatis B | argu-
etur B MN | et sic gravis B   **19** novam *om.* B MN *Lehnert*
22 filio *codd., om. Lehnert*

specioso adulescente militavit. pauper fortiter fecit, adulescens
deseruit. dives iure † erit, pater praemio petit, ut occidatur.

Filium meum si liberare non licet, saltem liceat occidere.
Creditis, iudices, quod filio meo bene inimicus velit, pater
5 nolit? profiteor mortem me filii mei non quidem velle, sed malle.
Vos cogitate, quanto sint mala illa graviora, quorum sunt etiam
remedia crudelia. O fili, morere constanter! fac hoc saltem
quasi meus filius.

XXXVII. Filius meretricis suae redemptor

10 Diversas meretrices amabant pater et filius. pater filio pecuni-
am dedit, ut amatam patris redimeret. ille suam redemit. abdicatur.

Rideri me, iudices, opinabar a patre, cum se quoque amare
dicebat. pater quod patior, agnoscit! Quid in me pater repre-
15 hendat, ignoro: et amandam meretricem consentit et emendam.
Sciebas utique, quid mallem. ⟨Im⟩paria sunt nobis in amore
tormenta: primum, quod amor velis nolis in senectute
frigidior est.

XXXVIII. Dementiae reus a tribus filiis

20 Ex tribus filiis duo patrem dementiae accusaverunt et superati
secundum legem puniti sunt. tertius instituit accusare. reddit
pater causam mortis voluntariae. filius C. D.

2 *ante* erit *parvum spatium reliquit* C : egit MN *Lehnert* : agit *Pith.*,
et exspectaveris praes. | pater : pauper N   4 velit B² MN : velite
B : vel te C   6 cogitare B
10 meretricis C   13 a patre opinabar *ante corr.* N   14 patior *vulg.* :
potior *codd.*   16 ⟨im⟩paria *Dessauer,* *Weber* : paria ⟨non⟩ *Pith.*
17 nolis : velis B   18 *post* est *lacunam statuit esse Lehnert, sed fort.*
excerptor desiit.
22 causa C | contradicit B MN

Quid tam potest esse ⟨di⟩versum? eius hic ab eo mors impedi-
tur, cuius in altero iudicio vita reprehenditur! In illis, P. C.,
iudiciis gravior mihi fuit vindicta quam poena. Mors a vobis
dabitur sive dementi remedium sive sapienti solacium. Natura
mihi tres liberos dedit, fortunaque duos sustulit: videturne 5
vobis iusta causa esse moriendi? immo iam sera.

XXXIX. Fortis viri filius tyranno deditus

Absentis viri fortis filium tyrannus petit sibi dedi denuntians
bellum. accepit. regresso eo suadetur bellum tyranno indici. vir
fortis contradicit. 10

Profiteor me filium nec desiderare nec habere. Nescio, an hoc
bellum fuerit in tempore suo iustum; nunc certe coepit esse iam
serum. „At enim filius viri fortis est." quid? hoc non erat, cum
dabatur? O fili, si tamen hoc nomen, quod natura dedit,
fortuna non abstulit, agnosce te filium viri fortis, vince feliciter, 15
id est, peri fortiter! haec est enim tua iam sola victoria.

XL. Morietur, antequam nubat

Veneficii sit actio. Adulescens petit nuptias virginis a patre.
pater virginis ad uxorem retulit. illa respondit: „ante morietur,
quam illi nubat." pater eidem adulescenti despondit et diem 20
nuptiis dixit. intra diem puella obiit dubiis signis cruditatis et

---

1 ⟨di⟩ versum *scripsi Er. 1972, 69, cf. Cic. Or. 53* quid potest esse
tam diversum? : versum BC : adversum B² MN *Lehnert* | me ius
hic B² MN | ab eo : habeo C 2 via B (*corr.* B²) C 4 sapienti
(-tis *non corr.* B²) solacium B² MN : sapientis datum B : sapientis
datium C 5 -que *om.* B (*suppl.* B²), *et libenter ego quoque facerem* :
fortuna quam duos C 6 esse causa B
7 *titul. om.* BC. *in* BC *haec declamatio a priore non separatur, licet
in* B *signo distinguatur* 15 agnoscite BC 16 tua iam : iam tua N
17 *titul. om.* B (*suppl.* B²) C

veneni. quaestionem cum de familia pater haberet, ex ancillis una confessa est adulterium cum illo iuvene matris intercessisse. pater accusat veneficii matrem.

Quaeritur, filiam cruditate an veneno interfeceris, nam et
5 cruditas virginis crimen est matris. ,,Morietur, ante quam nubat‟, et mortua est. o impiam divinationem vel potius denuntiationem! o infelix puella! ego tibi parabam nuptias, mater exequias. Placuit in te sponso tuo similitudo materna. Ego te, fateor, occidi, dum cum matre contendo.

10   **XLI. Rapta ab ephebo stuprata**

Raptarum lex. Rapuit quidam virginem et ephebo, quem amabat, tradidit stuprandam. rapta ad magistratus producta mortem ephebi petit. offert se ille, qui rapuit.

Ego, iudices, rapui, ego domum duxi, ego pariter inclusi, ego
15 vim duobus feci. Perire mihi satius est quam hunc videre pereuntem. callide, puella, commenta es: unum petis, ut duos pariter occidas.

                    XLII. Orba confessa sacrilegium

Magistratus de confesso sumat supplicium. De iniusto supplicio
20 *tribunos appellare liceat.* Quae quattuor liberos habebat, amissis tribus et marito detracta est a filio, cum laqueum induisset. sacrilegium in civitate commissum est. adiit ipsa

2 iuvenem BC   4 cruditatem C | aⁿ C (*corr.* C²)
10 *pro titulo* raptarum lex *(quae verba deinde l. 11 om.)* B (*titul. suppl.* B²) C   16 conventa B² MN (cómenta *s.l.* N) | est B² MN (es *s.l.* N) | duo B   17 occides C
18 *titul. om.* B (*suppl.* B²) C *in* C *haec declamatio a priore non separatur*   21 tribunus C   22 adiit : at ut C

magistratus et dixit a se factum. vult de illa supplicium sumere. appellat pro ea filius tribunos de iniusto supplicio.

Cum subito fortuna, sicut solet, ipsa suis muneribus invidit. „Alius" inquit „pro alio agere non potest": alius est ergo qui filius est? Confessio voluntaria suspecta est. Confessionem sce- 5 leris appellas vocem doloris. Misericordiae vestrae maximum munus est servare nolentem.

XLIII. Raptor excaecatus

Talionis sit actio. Raptarum lex. Quidam rapuit et in raptu a puella excaecatus est. producta ad magistratus mortem optavit. 10 raptor exigit talionem.

Imperare poenam meam, non agere debebas nec esse eadem iudex et carnifex. Habet quisque nostrum suam legem: rapta capitis, excaecatus oculorum. Tu enim, puella, quid passa es? virginitate caruisti. sollemne in his ⟨annis⟩ damnum, ut non 15 dixerim votum. erepta autem mihi lux est, ante quam morerer. O oculi, quos ego primus adamavi! digna fortuna vos ulta est, ut, qui me perdidistis, mecum periretis.

XLIV. Soror infamis immolanda

Infamis erat in sororem virginem. occisus est lege indemnato- 20

---

1 magistratum B² MN *quod propter sequens* vult *arridet (cf. etiam 33,19). eadem numerorum variatio invenitur decl. 16, argum.; cf. etiam decl. 51 argum.* magistratus – secuti sunt. *An haec variatio e scriptura* mãg̃g *male intellecta orta est?* **3** Cum : C.D. MN *Lehnert; prima periodi pars ab excerptore omissa est,* ut puto
8 *titul. om.* B (*suppl.* B²) C **9** rapturum C **10** est *om.* C (*suppl.* C²) **12** *fort.* impe⟨t⟩rare | eadem : eam B (*corr.* B²) C **14** oculum B MN **15** virginitatem BC | ⟨annis⟩ *supplevi* **17** primus : *nempe puella virgo fuerat* | ulcta B
19 *titul. om.* B (*suppl.* B²) C **20** erat *codd.* : frater *Lehnert, at cf. 37,17* | legem BC (*corr.* B²C²) | indemnator BC (*corr.* C²)

rum. lues orta est. respondit oraculum virginem immolari
debere. offert se illa, quae infamabatur in fratrem. pater C. D.

Dilexerunt enim se mutuo fratres ultra meum votum. O
fortuna crudelis! abstulisti mihi filium: relinque vel filiam. par-
5 tiamur vel saltem liberos meos. Nemo de polluto grege hostiam
sumit. Quis hanc hostiam perimet, pater, sacerdos an carnifex?
quamvis haec fortasse desideret ipso illo gladio perire, quo
frater occisus est.

XLV. ⟨Speciosus filius peremptus⟩

10 *Indemnatos liberos liceat occidere.* Tyrannus finitimae civitatis
sub minis belli adulescentem speciosum postulavit. civitas
decrevit. pater illum lege indemnatorum peremit. reus est
laesae rei publicae.

Amplius leges impossibilia desiderant? Interemi iam mori
15 volentem et commodavi misero manum. Feci quod licebat:
occidi filium; sed ingens pater praemium retuli: occisus est,
ante quam moreretur. perit homo, sed pudor vivit.

XLVI. Indemnatus raptoris filius

Lex raptarum. Indemnatos liberos liceat occidere. Quidam rapuit

2 contradicit MN   7 gaudio B (*corr.* B[2])
9 *titul. exempli gratia supplevi, om.* C : *totam decl. om. cett.*   14 leges
acc. putavi et signum interrog. posui; cf. sis verba Amplius – manum
*cum Ps.-Quintil. decl. mai. IV 8 (74,19–24 Lehnert, cuius textus
tamen emendandus: cf. L. Håkanson, Studien zu den größeren
Pseudoquint. Dekl., Lund 1974,40 sq.)*   15 volente et commodavit C
(*corr.* C[2])   16 *fort. verba* occisus – moreretur *post l. 15* manum
inserenda sunt et moreretur *sc. sponte,* intelligendum. *tum etiam
l. 16* praemium *verbis* perit – vivit *bene explicaretur*
19 raptorum B (*corr.* B[2]) C

et fugit. de raptu puella concepit et peperit. reverso raptore
puella mortem raptoris optavit. filium ille indemnatum vult
occidere. rapta contradicit.

Nisi forte moleste tulit quod † et non et † hunc ipsa damnavit.
Iam cum illo meo errore vel fato voluntaria profectione trans-   5
egeram; hic me, iudices, hic puer prodidit. Si perseverat in
mea poena, hunc mater occidet. Dicere me raptorem nemo
debebat post intervallum, post exilium, post meum filium.
„non est" inquit „filius tuus; nuptiis enim sollemnibus non est
natus." cuius ergo? nisi faces accenderit et fescennina cecinerit,   10
pater esse non poterit? perquam es inhumana: non vis esse
patrem, qui te fecerit matrem!

XLVII. Vir fortis et orator

Vir fortis et orator consulatum petebant.

† quam vestra iudicia plus ad cuiusque † iudices proficiunt   15
merita privata quam publica. Postremo, quod maxime voluntatem plebis offendit, rogare non nosti. orare et exorare nostrum
est, qui hinc etiam nomen accepimus.

XLVIII. Adulter uxoris

Ex duobus filiis ⟨pater⟩ alteri uxorem dedit, alter incidit in   20

---

4 et¹ *om.* N : et² *om. edd.; locus dubius et fort. lacuna mutilatus.*
5 fato *Pith.* : facto *codd. Lehnert* **8** post meum *scripsi Er. 1972,69* :
postremo BC : post reum B² MN : postremo ⟨post⟩ *Lehnert* **10**
cuius *scripsi et post* ergo *interpunxi* : civis (-es C) *codd.* | fasces *ante*
corr. C | fescen¢ina cecinerint B
13 *titul. om.* BC *et haud scio an* MN *ex argumento sumpserint,*
cf. praef. p. 10 **15** quam : quanto *Gron.* : num *proposui Er. 1972,*
70 | *post* vestra *12–14 litt. del.* M | iudices : cives *Schulting iure*
miratus, cur consulatum petentes in iudicio apparerent | prospiciunt
Dessauer, Lehnert, sed tota sententia desperata **16** voluntate C
20 ⟨pater⟩ *supplevi* | dedit uxorem *ante corr.* N | alter : inter B
(corr. B²) C

adversam valetudinem. medici dixerunt animi esse languorem.
quaerenti patri fratris uxorem se amare confessus est. petit
pater a filio, ut matrimonio cederet; impetravit. inventos in
adulterio postea fratrem et uxorem secundus maritus occidit.
5 abdicatur a patre.

Sero me, sanctissimi iudices, abdicare patet: ius enim ad hoc
redit, ut excusare compellar, non quod extrema non tulerim,
sed quod illa priora toleraverim. Qui capitis poenas a suo
fratre pro uxore dilecta petit, quid ipse meruerit, ostendit.
10 Crimen superius huic imputare non possum, nam frater ignovit.
Quantum tibi nuptiarum cessione praestiteri⟨n⟩t, adulterio
probaverunt. Tibi liberas et perpetes noctes, sibi furtiva com-
mercia et amorum pericula reliquerunt. Ignosce amantibus, si
vere amasti.

15   **XLIX. Infamis in nurum**

*Adulterum cum adultera liceat occidere. Reus caedis advocatum
quem volet, eligat.* Erat infamis in nurum. invenit adulescens
incertum quem adulterum capite velato. uxorem solam peremit.
fit reus caedis. advocatum patrem postulat. contradicit.

20 Accusator obicit, quod adultero pepercerim, pater dolet, quod
nurum eius occiderim. Adulter occidi maluit quam videri.
Habet adulter poenam suam: cruciatur conscientia, pudore
torquetur, et, si interim tectus evasit, inveniet illum postremo
vel fama.

---

1 valitudinem *codd.* | langorem BC   **3** imperavit C | inventos *edd.*:
-us *codd.*   **6** patet : patre B (*corr.* B²) C   **7** ut : et BC   **9** dilecta uxore
ante corr. N   **11** praestiteri⟨n⟩t *scripsi, cf.* probaverunt   **12** libera C
MN | sibi : sive BC | fortuna comertia B   **13** amicorum B |
relinquerunt B
15 *titul. om.* B (*suppl.* B²) C   **16** adulterium C   **17** ligat C   **23 sq.**
vel fama postremo *ante corr.* M

L. Pauper imperator imperium recusat

Pauper et dives inimici. belli tempore dives creatus est imperator. qui cum bis fugatus esset, pauper legem tulit, ut, qui ter
fugatus esset, in crucem tolleretur. tertio dives fugatus est et in
crucem latus. filius divitis fert rogationem, ut imperium trans-   5
feratur ad pauperem. pauper contradicit.

Habes, pater, grande solacium: reliquisti superstitem legem.
Procede, legumlator, ad bellum, muta stilum gladio, lorica
togam. iam fortunae satis fecimus, et hostes, vel dum vincimur,
fatigavimus. in victoriam paene succedis alienam.   10

LI. Raptor duarum filium nutriens

Lex Raptarum. Quidam duas rapuit. productae ad magistratus
altera nuptias, altera mortem petit. magistratus humaniorem
sententiam secuti sunt. post factas nuptias illa † quod virgo
perpessa est † quem conceperat, peperit; exposuit. raptor   15
suscepit, qui tunc erat maritus alterius, et alere coepit. reus est
uxori malae tractationis.

Venit ad vos pia mulier accusatura pietatem. Infantem adhuc
iussit feris canibus et diris alitibus exponi. puto, patris similis
apparuit, unde matrem tam graviter offendit. Nam qui potest   20
expositum praeterire? „ignoscere non potui.“ tu me docueras
puella misereri. De matre nihil meminit: o gratum infantis
errorem: te existimat matrem. Disce, infelix puer, natalium

---

1 recusat : *expectaveris* recusans, *ut fere semper in titulis*   **2** est
creatus B MN   **3** lege C   **4** crucem : cruce BC   **7** pater : pauper
MN *Lehnert*   **9** vel : ut N *(sed corr.)* | dum *in mg. suppl.* N
13 humaniorem *edd.* : humanius *codd.*   **16** alterius *v. Winterfeld,
Philol. 55, 1896, 189* : alienus *codd.* | alere : alteram B *(corr.* B²) :
altere *ante corr.* C   **18** pia *(nimirum de uxore dictum)* : prava B MN
Lehnert, cf. quae scripsi Er. 1972, 71   **21** tum edocueras BC   **22**
puella : *utrum nom. (= tum cum puella esses et te raperem), an
uxorem suam puellam (ut credunt edd.) vocat?*   **22** memini *Gron.,
Lehnert*

tuorum, disce fortunam: pariter nos ambos mulier afflixit et
pariter † factum alia servabit.

LII. Vir fortis gladiator

Infamis non militet. Vir fortis in piratas incidit. rescripsit
5 patriae de redemptione. illa cessante redemit eum lanista et
rudem ei in arena dedit. reverso belli tempore denuntiat
militiam imperator.

Omnia fieri posse credidi, cum me fortuna servum ex libero et
gladiatorem de viro forte fecisset. Imperator vobis ingerit
10 militem, cuius operam non esse rei publicae necessariam pro-
xime non redimendo iudicastis. Veniam a vobis, iudices,
postulo, quod gladiator infamis in iudicio loquor. Erravi,
iudices, fateor, erravi, qui semper credidi immortalitatem esse
pro re publica mori, cum fama etiam viventium consenescat:
15 gladiatorem me fecit non pirata, sed patria. Sed o virtus, in
adversis comes, sola tu me secuta in carcerem, tu in ludum,
virum fortem tu sola non decipis. Scitis me, iudices, periculum
contemnere, sed non contemno flagitium. Vtrum igitur gladiatorem negat [negat] aliquis infamem, an negat gladiatorem?
20 utrumque mendacium est: neque enim condicione gladiatoria
quicquam est humilius in vulgo nec meo nomine quicquam
nobilius in ludo. „Fortunae" inquit „fuit." quousque fortunam
facimus humanorum negotiorum ream? esto, fortuna fecit, ut
caperer: quis fecit, ut nemo redimeret? Et, si victoria solita
25 provenerit, post rudem triumphabo?

---

1 pariter *om.* B 2 factum : *in* fatum *corr. et post l. 1* tuorum *Nevelet
et Lehnert inseruer.; fort.* ⟨af⟩ flictum *vel tale quid* | servabit *Gron.,
quod dubitanter recepi* : -vit *codd.*
3 gladiator : cla B (*corr. et suppl.* B²) C 4 in *om.* B (*suppl.* B²) C
5 patri B MN | illo B² MN | cessantem BC (*corr.* B²C) 6 ei : et
BC 9 fecisse C 13 qui semper : quis est per B (*corr.* B²) C 18 Vtrum
Gron. : virum *codd. Lehnert* 19 [negat] *Pith.* | an ⟨me⟩ *Gron.,
Lehnert fort. recte* 20 conditio BC

LIII. Invicem adoptati

Pauper et dives inimici. visi sunt in gratiam rediisse. dederunt
invicem filios adoptandos. dives occidit lege indemnatorum
quem acceperat. qui est apud pauperem, reddidit in senatu
causam mortis voluntariae. pauper contradicit. 5

Vtinam, P. C., liberis nostris exire de vita nisi nobis arbitris
non liceret! Perquam indignum est, si utrumque pignus amit-
tam, et quod dedit aliquando natura et quod nunc substituit
amicitia. Amo enim iuvenem, quem non genui meo sanguine,
sed redemi. 10

2 *post* inimici *interpunxi cum* M | in gratia residisse C   3 indam-
natorum C   4 pauperem : patrem B (*corr.* B²) | reddit N | in
senatu *om.* B MN   5 causa C   6 vobis orbitas B : sine nobis orbatis
B² MN   8 natura *om.* B (*suppl.* B²)   9 quem *codd.* : quia *Lehnert
hanc lectionem codici C falso attribuens* | genui ⁖ emi N *(sed corr.)*
10 redemi *ex* -it C
Finis MN Explicitae ex Calpurnio Flacco exerptae *(minio)* BC M :
om. N

INDEX NOMINUM ET LEGUM

poena raptoris in diem tricesimum differatur 23,24
vicarium poenae liceat offerre 24,14
sacerdos Martis damnatum liberet 24,14
magistratus de confesso sumat supplicium 33,19
talionis sit actio 34,9 (cf. 9,1)
indemnatos liberos liceat occidere 35,19 (cf. 22,23; 34,20; 40,3)
reus caedis advocatum quem volet, eligat 37,16

ad rem pecuniariam pertinentes:

addictus feneratori serviat 14,7
abdicatus de bonis paternis nihil habeat 14,7
libertorum bona ad patronos pertineant 14,8

ceterae:

liceat in matribus adulteria vindicare 21,18
et matres et sorores in adulterio deprehensas liceat occidere 28,8
rapta raptoris mortem aut indotatas nuptias petat 29,18 (cf. 16,9;
    23,24; 33,11; 34,9; 35,19; 38,12)
veneficii sit actio 32,18
adulterum cum adultera liceat occidere 37,16 (cf. 37,3 sq.)

hae leges e contextu supplentur:

excaecatus talionem petat 8,22
qui aliquem dementiae accusat, superatus puniatur 31,20 sq.
qui causas mortis voluntariae in senatu non reddiderit, insepultus
    abiciatur 31,21 (cf. 38,3 sq.; 40,4)
malae tractationis sit actio 38,17

INDEX VERBORUM[1]

---

[1] Selecta tantum verba hoc indice continentur; ad declamationum titulos non respexi.

caecus 9,11; 10,20
caedes 3,8; 7,12; 16,12; 23,22; 37,16; 37,19
caelebs 21,7
calamitas 8,13; 10,7; 10,14; 10,24
callide 33,16
campus 25,16
canis 38,19
cano 36,10
captivus 7,17
carcer 4,4; 4,8; 4,9; 4,13; 5,3; 5,11; 39,16
careo 28,12; 34,15
carnifex 4,19; 22,23; 23,10; 25,14; 34,13; 35,6
carus 18,17; 23,6; 25,18
casus 22,2
catena 4,21
caveo 10,19; 21,13; cautus 14,1; 18,14
cĕdo 23,19
celeriter 13,19
censeo 6,10
certo 24,9
certus 28,4
cessio 37,11
cesso 39,5
cibus 4,18
civilis 6,17; 6,19
civis 16,19; 21,20; 26,7
civitas 8,7; 13,4; 14,16; 17,6; 21,18; 30,2; 33,22; 35,10; 35,11
clarus 20,15
claudo 16,13
clemens 29,20
cogito 25,2; 31,6
cognosco 22,2
collectus 2,10

collum 11,2
color 2,8; 2,25; 20,9; 20,10
comes 19,12; 39,16
comis 29,12
commendo 22,10; 27,16
commercium 37,12
commilito 3,21; 25,15; 26,8
comminiscor 33,16
committo 20,7; 22,18; 30,9; 33,22
commodo 1 35,15
comparo 30,10
compello 3 37,7
compenso 19,19
compleo 5,18
computo 24,5
concedo 22,2; 25,13
concipio 36,1; 38,15
condicio 15,2; 39,20
condo 25,2
confero 14,17; 27,15
confessio 9,17; 34,5 *bis*
confido 21,2; 26,24
confingo 13,8
confirmo 13,8; 13,13
confiteor 6,17; 9,8; 9,19; 15,6; 23,2; 23,14; 24,10; 33,2; 33,18; 33,19; 37,2
confusus 7,15
congruo 19,16
conqueror 15,7
conscientia 5,6; 12,20; 30,15; 37,22
conscius 12,5; 12,9; 12,16; 12,17
consecro 16,2
consenesco 39,14
consentio 31,15
consequor 6,15; 13,12
constanter 31,7
consuetudo 13,11

ruina 2,19
rumor 7,9
rutilus 2,7

sacerdos *decl. XXVI passim*; 35,6
sacrilegium 33,18; 33,22
sacrum (*subst.*) 4,12; 23,16; 24,19
saevio 5,3; 22,4
saevus 18,11
salvus 20,7
sanatio 10,17
sanctus 13,7; 28,2; 37,6
sanguis 2,25; 20,10; 23,8; 24,22; 25,3; 25,19; 40,9
sanitas 1,15; 28,13; 28,15
sano 11,4; 13,9
sanus 2,15; 28,1; 28,6
sapiens 2,15; 18,7; 18,14; 32,4
sapienter 2.14
satisfacio 23,7; 38,9
saucius 10,13
saxum 4,14
scelerate 10,24
sceleratus 6,17; 9,9
scelus 5,10; 9,16; 10,14; 12,12; 34,5
scopulus 19,14
secedo 8,21
secreto 9,2
secretum 29,14
secure 2,4
securitas 12,1
securus 28,17
senatus 6,9 *bis*; 18,15; 19,6; 40,4
senectus 31,17
senex 15,9; 16,6; 21,1; 21,8; 23,3; 25,10; 27,17
sensus 14,1

sententia 6,12; 7,2; 16,21; 18,6; 22,12; 38,14
sepelio 7,11; 7,16; 15,13
sepulcrum 18,18
serpo 13,16
serus 32,6; 32,13
servio 14,7; 14,20 *bis*; 22,21; 30,21
servitus 6,18; 17,18; 22,3; 22,17
servo 4,4; 24,16; 25,21; 26,7; 34,7; 39,2
servus 17,17; 17,22; 17,23; 29,10; 39,8
sexus 12,13
siccus 4,20
signum 12,7; 25,17; 30,6; 32,21
similitudo 33,8
simplex 12,14
simulo 17,3; 20,10
sisto 15,3
soboles 2,5
socer 22,3
sol 3,3
solacium 10,14; 21,16; 23,19; 32,4; 38,7
solitus 39,24
sollemnis 34,15; 36,9
sollicitudo 2,17; 14,1
sollicitus 26,24
solvo 26,7; 27,6; 30,2
somnio 10,3; 10,18
somnium 10,3; 10,22
sono 4,18
sors 5,12
sortior 14,16
species 2,6
speciosus 30,20; 31,1; 35,9 (*supplevi*); 35,11
spes 25,10
spiritus 19,2